SCHRIFTENREIHE ZUR OSTASIENFORSCHUNG
Band 1

Forschungsinstitut für wirtschaftlich-technische
Entwicklungen in Japan und im Pazifikraum e.V.

Wissenschaftliche Einrichtung
an der
Universität-Gesamthochschule-Duisburg
Postfach 101629
D–4100 Duisburg

Prof. Dr. Dieter Cassel

Japan: Pharma-Weltmacht der Zukunft?

Entwicklungsperspektiven der japanischen Pharma-Industrie und ihrer internationalen Konkurrenz im Spannungsfeld zwischen staatlicher Marktregulierung und Innovationsförderung

 Nomos Verlagsgesellschaft
Baden-Baden

CIP-Kurztitelaufnahme der Deutschen Bibliothek

Cassel, Dieter:
Japan: Pharma-Weltmacht der Zukunft?: Entwicklungsperspektiven d. japan. Pharma-Industrie u. ihrer internat. Konkurrenz im Spannungsfeld zwischen staatl. Marktregulierung u. Innovationsförderung / Dieter Cassel. – 1. Aufl. – Baden-Baden: Nomos Verl.-Ges., 1987.
 (Schriftenreihe zur Ostasienforschung; Bd. 1)
 ISBN 3–7890–1485–0
NE: GT

1. Auflage 1987
© Nomos Verlagsgesellschaft, Baden-Baden 1987. Printed in Germany. Alle Rechte, auch die des Nachdrucks von Auszügen, der photomechanischen Wiedergabe und der Übersetzung vorbehalten.

GELEITWORT

Die Länder in der ostasiatischen Region öffnen sich in vielfacher Hinsicht mehr und mehr der Außenwelt. Es sind in der Regel politische bzw. wirtschaftspolitische Zielvorgaben im Rahmen von exportorientierten Entwicklungs- bzw. Industrialisierungsstrategien, die einige dieser Länder in vergleichsweise kurzer Zeit zu wettbewerbsfähigen Anbietern auf angestammten Märkten der "alten" Industrieländer werden ließen.

Während so die ostasiatische Konkurrenz auf wichtigen Weltmärkten bereits fest etabliert ist, haben bisher ausländische, vor allem europäische Anbieter in den seltensten Fällen hohe Marktanteile in den ostasiatischen Ländern erreichen können. Dies scheint nicht zuletzt darauf zu beruhen, daß wirtschaftliche, technische und politische Entwicklungen in Ostasien von der wissenschaftlichen Seite her in zu geringem Maße untersucht werden. Das FORSCHUNGSINSTITUT FÜR WIRTSCHAFTLICH-TECHNISCHE ENTWICKLUNGUNG IN JAPAN UND IM PAZIFIKRAUM e.V. (FJP) hat u.a. die Aufgabe, Forschungen in diesem Bereich durchzuführen bzw. anzuregen. Die Schriftenreihe soll dazu beitragen, die Forschungsergebnisse den Interessierten und Betroffenen zugänglich zu machen.

Die vorliegende Arbeit von Professor Dr. DIETER CASSEL gewährt Einblick in einen Markt, der eine Domäne der deutschen Exportwirtschaft darstellt. Die Entwicklungen in der japanischen pharmazeutischen Industrie sind aber nicht nur für die ausländische Konkurrenz von großem Interesse, sondern zeigen auch beispielhaft das strategische Vorgehen bei der Internationalisierung der japanischen Wirtschaft.

Prof. Dr. Günter Heiduk
(Vorsitzender)

INHALTSVERZEICHNIS

	Seite
Vorwort	9
Zusammenfassung/Summary/Gaiyo	11
Abkürzungsverzeichnis	23
Abbildungs-, Tabellen- und Übersichtsverzeichnis	24

1. "Zuckerbrot und Peitsche" - Japans pharmazeutische Industrie im Griff des KOSEISHO 27

2. Struktur und Entwicklung des japanischen Gesundheitswesens 30
   - 2.1. Krankenversicherung und medizinische Leistungsanbieter 30
   - 2.2. Ärzte als Apotheker 36
   - 2.3. Kostenexplosion im Gesundheitswesen 41
   - 2.4. KOSEISHO-Politik der Kostendämpfung 44

3. Kostendämpfung und Innovationsförderung durch staatliche Preisadministration im japanischen Pharmamarkt 49
   - 3.1. Strukturelle Rahmenbedingungen und Entwicklung des Arzneimittelmarktes 49
   - 3.2. Preispolitik des KOSEISHO 51
   - 3.3. Zulassungspraxis und Imitationsschutz bei neuen Arzneimitteln 57
   - 3.4. Zulassungspraxis bei Generika 61
   - 3.5. Preisfestsetzung für Originalpräparate und Generika 63

4. Gleichbehandlung oder Diskriminierung ausländischer Anbieter auf dem japanischen Pharmamarkt? 67
   - 4.1. Zutrittsschranken für ausländische Arzneimittelanbieter 68
   - 4.2. Diskriminierungsmöglichkeiten bei der Zulassung von Arzneimitteln 75
   - 4.3. Diskriminierungsmöglichkeiten bei der Preisfestsetzung und Preisanpassung 79

5.	Staatliche Förderung der japanischen Pharmaforschung.....................................	86
	5.1. Zulassungsverfahren und Preisanpassung für Arzneimittel als Instrumente der Innovationsförderung...........................	86
	5.2. Direkte staatliche Förderung der Pharmaforschung....................................	88
	5.3. Internationalisierungsstrategie und Exportorientierung der japanischen Pharmaindustrie	94
6.	"Pressure makes diamonds" - Japans pharmazeutische Industrie auf dem Sprung nach vorn...............	103
	Literatur- und Quellenverzeichnis.....................	111

VORWORT

Japan ist in den vergangenen Jahrzehnten zu einer führenden Wirtschaftsmacht der Welt aufgestiegen. Die etablierten Industrien Europas und der Vereinigten Staaten sind dabei nicht nur einmal von der Innovationskraft und dem Durchsetzungsvermögen der japanischen "new-comer" auf dem Weltmarkt überrascht und in die Defensive gedrängt worden. Bei Kohle und Stahl, Schiffen und Textilien, Aluminium und Papier sowie bei Autos und Kameras haben japanische Unternehmen eindrucksvoll demonstriert, wie aus binnenwirtschaftlich orientierten Imitatoren innerhalb weniger Jahrzehnte international operierende Innovatoren werden können. Mehr noch: Japan kann derzeit im Bereich der Mikroelektronik, der Computerperipherie, der Neuen Werkstoffe wie der Biotechnologie die wissenschaftlich-technische Führung für sich beanspruchen. Und schon steht - im Westen noch weitgehend unbemerkt - eine neue Branche auf dem Sprung in eine internationale Führungsrolle: die japanische Pharma-Industrie, über deren kometenhaften Aufstieg und künftige Entwicklungsperspektiven die vorliegende Studie informieren will.

Diese Arbeit entstand während eines Studienaufenthalts des Verfassers an der DOKKYO UNIVERSITY, Soka-shi (Soka City), Saitama-ken, im September 1986. Der Verfasser dankt seinen zahlreichen japanischen und deutschen Gesprächspartnern in Japan für die überaus wertvollen, nicht immer leicht zugänglichen Informationen, Hinweise und Daten, die in diese Studie eingeflossen sind. Besonderen Dank schuldet er seinen japanischen Kollegen, den Professoren Dr. HIROSHI KITAMURA, International University of Japan, Niigata, und Dr. TOMOO MATSUDA, Tokyo University, die den Text während ihres Gastaufenthalts an der Universität Duisburg kritisch durchgesehen haben.

Danken möchte er nicht zuletzt aber auch seinen Mitarbeitern, Frau Reg. Ang. ULRIKE MICHALSKI, Frau Stud. Ök. MARION WEBER sowie den Herren Cand. Ök. THOMAS APOLTE, Dipl. Ök. ERNST-ULRICH CICHY, Cand. Ök. RALPH GERICKE, Dipl. Ök. FRANK SCHAUM und Dr. PAUL J.J. WELFENS, denen zum wiederholten Mal das "Glück" wiederfuhr, sich auf einem völlig neuen Arbeitsgebiet bewähren zu können.

Duisburg, im Juni 1987   Dieter Cassel

ZUSAMMENFASSUNG

In Japan sind Herstellung, Vertrieb und Verwendung von Arzneimitteln Gegenstand umfassender staatlicher Regulierung. Sie liegt in der Hand des KOSEISHO - des japanischen Gesundheitsministeriums -, das generell für die Gestaltung des nationalen Gesundheitswesens verantwortlich ist. Der Arzneimittelmarkt Japans wird wesentlich geprägt durch das Dispensionsrecht der Ärzte und Krankenhäuser: Sie geben die ethischen Präparate normalerweise direkt an ihre Patienten ab und erhalten dafür von den Trägern der Krankenversicherung einen vom KOSEISHO festgesetzten NHI-(NATIONAL-HEALTH-INSURANCE-)Preis vergütet. Auf diese NHI-Preise gewährt der Pharmahandel je nach Konkurrenzsituation Rabatte, aus denen die Ärzte bis zu 40 vH ihres Einkommens erzielen. Je nach Höhe der gewährten Rabatte senkt das KOSEISHO den NHI-Preis, so daß die Preise der am Markt eingeführten Arzneimittel im Wechselspiel von Rabattkonkurrenz und NHI-Preis-Revision unaufhaltsam nach unten tendieren.

Durch diese und andere Rahmenbedingungen hat sich der japanische Arzneimittelmarkt bis Anfang der 80er Jahre mit jährlichen Wachstumsraten von über 15 vH geradezu stürmisch entwickelt: Er absorbierte lange Zeit mehr als ein Drittel der japanischen Gesundheitsausgaben und nimmt mit einem Weltmarktanteil von 24 vH (1985) - hinter den USA (34 vH) und vor der Bundesrepublik Deutschland (10 vH) - den zweiten Platz ein. Erst 3 vH der japanischen Arzneimittel werden exportiert, dagegen 8 vH des Marktvolumens importiert. Nimmt man die von Japanern in Lizenz sowie die von ausländischen Firmen in Japan hergestellten Arzneimittel hinzu, besteht der ethische Markt immerhin zu 40 vH aus "Foreign-origin-Produkten".

Das "Treibhausklima", dessen sich die japanische Pharmaindustrie lange Zeit erfreuen konnte, ist jedoch seit Anfang der 80er Jahre der "eisigen Kälte" eines deutlich verschärften Wettbewerbs auf einem praktisch stagnierenden Markt gewichen. Hierzu hat entscheidend das KOSEISHO mit verschiedenen gesundheitspolitischen Weichenstellungen beigetragen:

- Seit 1967 hat es mehrfach die *arzneimittelrechtlichen Anforderungen* an die Wirksamkeit und Sicherheit neuer Medikamente im Zulassungsverfahren verschärft. Hierdurch wurden zahlreiche kleine Anbieter vom Markt verdrängt und andere zu verstärkten F+E-Anstrengungen herausgefordert.

- Das KOSEISHO forciert seit Anfang der 80er Jahre die überfällige *Strukturreform des japanischen Gesundheitswesens*: Durch Einführung der Selbstbeteiligung, Einschränkung der ambulanten Krankenhausbehandlung und Förderung von nichtethischen Präparaten hat sich die gewachsene Absatzstruktur der pharmazeutischen Industrie bereits gewandelt und werden branchenfremde Anbieter verstärkt in den Pharmamarkt gelockt.

- Der stärkste Druck ging allerdings von den regelmäßigen *NHI-Preis-Senkungen* aus, die seit Anfang der 80er Jahre dramatisch verstärkt wurden. Diese Preisanpassungen zwingen geradezu die Arzneimittelhersteller, ständig neue Medikamente auf den Markt zu bringen.

- Schließlich hat das KOSEISHO - als bewußte Strategie oder als Reaktion auf Drängen des Auslands - die *Zutrittsschranken für ausländische Arzneimittelanbieter* durch mehr Transparenz und Erleichterung des Zulassungsverfahrens für neue Medikamente gesenkt.

Dies ist die "Peitsche" des KOSEISHO, mit der es die japanische Pharmaindustrie seit Jahren zu verstärkten F+E-Anstrengungen einerseits und in die Internationalisierung andererseits treibt. Freilich wird dieser innovatorische Kraftakt auch durch reichlich "Zuckerbrot" gefördert und belohnt:

- Das KOSEISHO schützt die forschende Pharmaindustrie in Japan mit einer *20- bzw. 15-jährigen Patentlaufzeit* für Wirksubstanzen, die ab 1988 auf 25 bzw. 20 Jahre verlängert werden kann.

- Bei Markteinführung neuer Arzneimittel gewährt das KOSEISHO unabhängig von der Patentlaufzeit der Wirksubstanz einen *6-jährigen Imitationsschutz* (grace period). Diese kann sich sogar auf 10 Jahre verlängern, falls für das Medikament zwischenzeitlich ein neues Anwendungsgebiet nachgewiesen wird.

- Neue Medikamente - insbesondere "Break-through-Produkte" - werden vom KOSEISHO nach Erfüllung aller Zulassungsvoraussetzungen unverzüglich zugelassen und mit einem *großzügigen NHI-Preis* gelistet.

- Dagegen betrachtet das KOSEISHO *Generika als grundsätzlich unerwünschte Plagiate*: Sie werden nur alle drei Jahre zugelassen, erhalten einen ggfs. niedrigeren NHI-Preis als die Originalpräparate und werden überdies nur dann am Markt zugelassen, wenn sie ausgiebig auf ihre chemisch-physikalische Stabilität sowie ihre Bioäquivalenz mit dem Originalpräparat getestet sind.

- Schließlich fördert das KOSEISHO Pharmainnovationen auch direkt durch *staatlich finanzierte Forschungsprojekte* vor allem im Bereich der Biotechnologie und Geriatrie sowie indirekt durch institutionelle und organisatorische Hilfestellungen und steuerliche Erleichterungen.

Dies sind die Eckpfeiler der KOSEISHO-Politik, durch die die japanische Pharmaindustrie in den letzten zwei Jahrzehnten zu immer größeren F+E-Anstrengungen gedrängt wurde: Der F+E-Aufwand der 9 führenden Arzneimittelhersteller hat sich in nur wenigen Jahren (1978-85) um den Faktor 13 erhöht, gegenüber 1962 sogar um einen Faktor 50.

Der Erfolg dieses massiven Einstiegs ist inzwischen greifbar: Japan ist seit Anfang der 80er Jahre die "Nr. 1" bei der Entwicklung und Einführung neuer Substanzen (NCEs). Von den 1981-86 erstmals von einem Land eingeführten 281 NCEs kamen 79 (= 28 vH) von japanischen Firmen. Dabei zeigte sich eine deutliche Verschiebung in der Zusammensetzung der Therapeutika: Während noch in den 70er Jahren die *Antiineffektiva* absolut dominierten, hat sich das Innovationsspektrum inzwischen zunehmend auf neue therapeutische Klassen - wie

Anti-Krebs-, Herz-Kreislauf-, Magen-Darm-, Multiple-Sklerose- und Zentral-Nervensystem-Mittel - verlagert.

Am spektakulärsten dürften dabei die Fortschritte der japanischen Pharmaindustrie im Bereich der *Biotechnologie* sein. Hierbei kommt den Japanern die große Erfahrung im Fermentieren sowie die enge Zusammenarbeit mit branchenfremden in- und ausländischen Firmen zugute. Die Verlagerung auf die Biotechnologie-Schiene ist ausgesprochen erfolgreich: Ihr sind bereits 8 Anti-Krebs-Produkte zu verdanken.

Die japanische Pharmaindustrie ist somit seit Anfang der 80er Jahre in eine neue Entwicklungsphase eingetreten:

- Den in Japan präsenten ausländischen Arzneimittelherstellern tritt ein immer selbstbewußterer, potenterer und aggressiverer Konkurrent entgegen, der konsequent die *Substitution der Foreign-origin-Produkte* betreibt.

- Nicht minder konsequent schreitet die japanische Pharmaindustrie aber auch auf dem Weg der *Internationalisierung* voran. Dabei wird der *Export von Arzneimitteln* auch künftig eine untergeordnete Rolle spielen. Die dominierende Internationalisierungsstrategie wird dagegen die *Lizenzvergabe* - gegebenenfalls verbunden mit verstärkter Joint-venture-Gründungen - sein.

Die japanische Pharmaindustrie wird jede sich abzeichnende Innovationsschwäche ihrer ausländischen Konkurrenz konsequent zum eigenen Vorteil ausnutzen und ihre Internationalisierung wo immer möglich voranzutreiben versuchen. Dennoch ist der Weg zur "Pharma-Weltmacht" für Japan noch weit und steinig; ein ernstzunehmender Konkurrent auf dem "Pharma-Weltmarkt" sind die führenden japanischen Arzneimittelhersteller aber heute schon allemal.

SUMMARY

The production, distribution and use of medical drugs are subject to a comprehensive public regulation in Japan. These regulations are drafted by the KOSEISHO, Japan's Ministry of Health and Welfare which is generally responsible for the national health system. In Japan, the drug market is also distinctively shaped by the dispersion rights of physicians and hospitals: Usually, they give ethical drugs directly to their respective patients and receive in turn the KOSEISHO-determined NHI-(national health insurance) price from the health insurance bodies. The pharmaceutical trading companies accord -depending on the degree of competition in the market- a discount on NHI prices, which makes for up to 40 percent of the physicians' incomes. Considering the discount margin, the KOSEISHO reduces the NHI price so that the prices of drugs tend to fall gradually, due to the interaction of discount competition and NHI price revisions.

Due to this framework and other side-constraints of the Japanese pharmaceutical market, it has rapidly expanded with annual growth rates of more than 15 percent until the beginning of the 1980s. For a long period, the drug market has absorbed more than one-third of the Japanese health expenditures. With a world market share of 24 percent in 1985, it was the second biggest market behind the US (34 percent) and before Germany (10 percent). Only 3 percent of Japanese drugs are exported, whereas 8 percent of the domestic market volume is imported. If drugs produced by Japanese companies on a licence basis and drugs produced by foreign firms in Japan are included, the share of foreign-origin products amounts to 40 percent in the case of ethical drugs.

Since the beginning of the 1980s, the "hothouse" climate enjoyed for a long time by the Japanese pharmaceutical industry has, however, changed into a "winter freeze" climate characterized by increased competition in a nearly stagnating market. This development has been decisively influenced by the strategies of the KOSEISHO in the field of national health policy:

- After 1967 it has repeatedly tightened the legal stipulations with respect to the effectiveness and safety of new drugs in the approval procedure. This has crowded out a number of smaller suppliers from the market and has induced increased R&D efforts.

- Since the beginning of the 1980s, the KOSEISHO has pressed for the overdue structural reform of the Japanese health system: By introducing payments for services by patients, restricting ambulant in-hospital treatment and promoting non-ethical drugs, the traditional sales structure of the pharmaceutical industry has changed; new suppliers from other industries have also been attracted to the drug market.

- The most important pressure came, however, from the periodical NHI-price reductions which have dramatically accelerated since the beginning of the 1980s. These price revisions have forced the producers of drugs to continuously launch new drugs into the market.

- Finally, following a purposeful strategy or reacting to external pressure, the KOSEISHO has reduced barriers to entry for foreign drug suppliers by increasing the transparency of and by easing the approval procedure for new drugs.

This is the "stick" of the KOSEISHO by which it has induced the Japanese pharmaceutical industry for many years to increase R&D efforts on the one hand, and, on the other hand, to embark upon an internationalization strategy. However, this innovation spurt is supported and rewarded by generous "carrots", too:

- The KOSEISHO gives the pharmaceutical industry's research activities a patent grace period for new chemical entities of between 20 and 15 years in Japan; this period can be extended to between 25 and 20 years after 1988.

- In the market introduction stage, the KOSEISHO grants, irrespective of the patent grace period for the chemical entity, a grace period of 6 years against imitations. It can be extended to 10 years if new application areas can be proven in the meantime.

- New drugs -especially "break-through-products"- are admitted by the KOSEISHO immediately after the required approval procedures; these drugs are listed with "generous" NHI-prices.

- On the other hand, the KOSEISHO considers generics generally as undesirable imitations. Those are admitted only every three years; the NHI-price is often lower than that for the original drug, and, moreover, generics are admitted to the market only after they have extensively been tested for their chemical and physical stability as well as for their bio-equivalence with the original product.

- Finally, the KOSEISHO promotes pharmaceutical innovations also directly through state-financed research projects, especially in the fields of biotechnology and of geriatric research. Tax credits and other indirect institutional and organizational support are given additionally.

These are the pillars of KOSEISHO's policy, which has pressed the Japanese pharmaceutical industry towards greater and greater R&D efforts in the past two decades: The R&D expenditures of the nine leading pharmaceutical firms recorded a thirteen-fold increase between 1978-85; relative to 1962, there was even a fifty-fold increase.

Now, the massive research efforts show visible success: Since the beginning of the 1980s, Japan is "No. 1" with respect to the development and introduction of new chemical entities (NCEs). From 281 NCEs newly introduced in the Western world, 79 (28 percent) came from Japanese firms. There was a substantial shift in the composition of new therapeuticals: While the anti-effectiva were absolutely dominant in the 1970s, the spectrum of innovations has now shifted towards anti-cancer drugs, heart-circulation drugs, stomach-rectum drugs, multiple sclerosis and central neural drugs.

The most spectacular progress of the Japanese pharmaceutical industry has probably been achieved in the field of biotechnology. In this area the Japanese benefit from their long experience in fermentation processes; also, the cooperation with domestic and foreign firms from other related industries has been useful. The shift toward biotechnological avenues was a considerable success: 8 anti-cancer products have already originated therefrom.

The Japanese pharmaceutical industry has entered a new stage of development since the beginning of the 1980s.

- The foreign drug suppliers in Japan face in this market increasingly self-conscious, more capable and aggressive competitors which aim at the substitution of foreign-origin products.

- No less rigorous is the Japanese pharmaceutical industry in its strategy to foster its internationalization. The export of drugs will still be of minor importance in the near future. The dominant internationalization strategy will be characterized by licensing, possibly complemented by increased joint-venture activities.

The Japanese pharmaceutical industry will take advantage of latent weaknesses in innovation of foreign competitors and pursue its internationalization strategy wherever possible. However, Japan's way to a "world pharmaceutical power" is still long and stony; however, in the "world pharmaceutical market" Japanese firms have already become strong competitors.

要約

日本に於いては、医薬品の製造、販売及び使用は、おおむね国家管理の対象である。そして、それは　国民の医療制度一般に対し責任を有する厚生省の管轄下にある。

日本の医薬品市場は、おもに医師及び病院の薬品選択権に支配されている。即ち、医師及び病院は、普通、医療用医薬品を直接患者に渡し、それに対し保険者から薬価基準に基づいた薬品価格額を受け取る。薬価基準とは、厚生省が国民健康保険制度で定めたものである。医薬品業者は、販売合戦の状況に応じて、医薬品納入の際、大幅な値引きをするのであるが、その値引きから生ずる「薬価差益」は医師の収入の40％にまで及ぶ。そこで厚生省は、値引き額の大きさに応じて、薬価基準を下げていくのである。その結果、市場に出回っている医療用薬品の価格は、売り込みのための値引き合戦と薬価基準改定の相互影響により、常に低下していく傾向にある。

このような市場の構造により、日本医療薬品市場は、1980年代初めまで、毎年15％の成長率を以って、急激な発展を遂げてきた。それは、長期に渡り、日本の医療関係に於ける支出の3分の1以上を占め続けてきた。世界市場についていえば、1985（昭和60）年には、24％にあたる2番目の位置を占めるまでに至った。（それは　34％のアメリカに次ぎ、10％の西ドイツより前に位置するものであった。）

日本の医薬品輸出は　3％にすぎないが、輸入は市場の8％を占めている。しかしながら、日本人業者によって製造される外国特許の医薬品、及び日本に於ける外資系会社製造の医薬品を加えるならば、いわゆる「外国オリジナル製品」は、実に医療用医薬品市場の40％を占めているのである。

日本の医薬品業界は、長い間、「温室」の恩恵をこうむって来たが、1980年代の初めより、事実上発展の止まった市場で、目に見えて厳しくなって来た、競争という「寒風」にさらされている。この変化に対して大きな役割を果たしたのが厚生省である。厚生省は将来の方向を決定するような医療行政措置を次々と講じていった。

- 1967(昭和42)年以来、厚生省は数度に渡り、薬事法に基づく行政措置によって、新医薬品の承認に関し、その有効性及び安全性に対する審査基準を厳しくした。これにより数多くの小規模販売業者は市場から姿を消し、生き残った業者は、新薬研究開発への一層の努力を強いられた。
- 厚生省は、1980年代初めより、必要に迫られていた日本医療行政の抜本的改正を推進した。自己負担の導入、病院に於ける外来患者に対する治療制限、一般用医薬品項目の拡大等により、薬品業界の販売勢力地図は枠の拡大と共に、構造的変化を遂げ、専門業界以外の販売業者の医薬品市場への参入が強まった。
- しかしながら、その変化の最も大きな力となったのは、定期的な薬価基準の改定によってなされた基準価格の低下である。そして、この価格低下は1980年代の初めより急激に強化された。まさに、この価格調整によって、医薬品製造業者は、常に新医薬品を市場に提供し続けることを余儀なくされたのである。
- 最後にあげられるのは、意識的戦略か、諸外国の強い要求による対応かは置くとして、厚生省が新医薬品の承認審査を簡略化、明瞭化して、外国医薬品販売業者に対して、市場参加の障壁をやわらげたことである。

このような措置が、厚生省が手にした「鞭」であると言える。この措置により、厚生省は、一方では日本薬品業界に研究開発の努力を数年来にわたって強く要求し、他方、業界の海外進出を促した。もちろん、このような新薬開発への努力に対し、いわゆる「飴」を以って、即ち多くの優遇措置を講じて、その努力に十分報いたのである。

- 厚生省は、新医薬品の特許期限を15年ないし20年間にすることにより、製薬会社の医薬品開発を援助している。この特許期限は1988(昭和63)年以降は、20年ないし25年間に延長される。
- 新医薬品の市場販売に関し、厚生省は、新医薬品の特許期限とは別に、開発メーカーに 6年間の独占市販権を与えている。この独占市販権は、もしその医薬品がその期間中に別の治療にも適用出来ることが証明されれば、10年間に延長され得るのである。

- 新医薬品、殊にゼロから出発して市場を独占してしまうような、いわゆる「画期的新薬品」に対しては、厚生省は、すべての承認基準を満たしている時には、直ちにこれを承認し、その基準価格の査定には気前良く高値をつける。
- それに反し、いわゆる「新薬代替え品」は、原則的に「好ましからざる偽せ物」とみなされている。それらは3年に一度しか承認されず、場合によってはオリジナル薬品として認められることもあるが、低い基準薬価しか与えられない。そのうえ、化学的並びに物理的安定性が証明され、オリジナル薬品との等価性が十分テストされた時に限り、市場販売が許される。
- 更に厚生省は、国家資金による研究開発計画に基づき、特にバイオテクノロジー及び老化現象対策(ジェリアトリー)の分野において、直接的に薬品開発を推進し、また研究所などの機構的な面での優遇措置、及び税金の減免によって、間接的に薬品開発を援助している。

このようなの措置が厚生省の基本政策である。これらの政策によって日本医薬品業界は最近の20年間常に研究開発の努力をするように強く要求され続けてきたのである。
9つの代表的製薬会社が研究開発のために投下した資本は、1978(昭和53)年から1985(昭和60)年までのたった数年間で、13倍になった。それは1962(昭和37)年と比べると、実に50倍にもなるのである。

このような大規模な研究開発分野への進出は、近年大成功を収めつつある。日本は、1980年代初期以来、新化学物質(NCE)の開発及び市場販売に関して、実にナンバー・ワンの地位を占めている。1981-86(昭和56-61)年の間に、初めて一国に於いて281種類もの新化学物質薬品が市場に導入されたのであるが、そのうち、実に79種類が日本の会社自身の製造によるものであった。そこでは、療法剤の製造が多様な分野へ広がっていっていることがはっきり見て取れる。1970年代には、まだ抗生剤が圧倒的な地位を占めていたが、新開発薬品の分布状況は、時の経過と共に、例えば抗癌剤、循環器治療剤、胃腸剤、抗白血病剤、あるいは中枢作用剤など、次第に新療法領域へと移行していった。

日本医薬品業界の進歩で、最も著しい部門は、バイオテクノロジーの分野であると言ってよかろう。この分野では、日本は酵素問題についての多くの経験を持ち、また専門業界以外の国内外の会社と密接な協力関係にあることが、大きな助けとなっている。バイオテクノロジー分野への移行は非常に大きな成功を収めている。抗癌剤の開発が8種類にも及んだのはその成果である。

日本医薬品業界は、このように1980年代の初めより新たな発展段階にはいった。

- 在日本の外資系医薬品製造会社は、次第に自信を深めていっている、大きな可能性を持った、攻撃的な競争相手に出会う。その競争相手は首尾一貫して外国のオリジナル製品の代替え品をつくろうとしている。
- また日本医薬品業界は、同じ一貫性を以って、国際化への道を進もうとしている。その場合、医薬品の輸出は、将来は、二次的役割を担うであろう。それに反し「新薬特許」の輸出が、場合によってはジョイント・ベンチャーの設立と結びつくことになるかもしれないが、これからの国際化戦略の主柱となるであろう。

日本の薬品業界は、諸外国の競争相手が新薬開発に関して立ち遅れている点があれば、直ちにその弱点を利用していくだろうし、海外進出を可能な限り推進しようとするだろう。しかしながら、日本にとって、「医薬品業界の世界的勢力」への途はいまだ遠く、紆余曲折があるだろう。しかし今日では、日本の代表的医薬品業者は、「世界市場」に於いて、最早あなどりがたい競争相手となっている。

ABKÜRZUNGSVERZEICHNIS

ADME	–	Absorption, Distribution, Metabolism, Excretion
BGA	–	Bundesgesundheitsamt
CSIMC	–	Central Social Insurance Medical Council
CVD	–	Coronare Vasodilatatoren
DBS	–	Doppelblindstudien
F+E	–	Forschung und Entwicklung
FPMAJ	–	Federation of Pharmaceutical Manufacturers Associations of Japan (NICHIYAKUREN)
GCP	–	Good Clinical Practice
GKV	–	Gesetzliche Krankenversicherung
GLP	–	Good Laboratory Practice
GMP	–	Good Manufacturing Practice
HSTPC	–	Health Science Technology Promotion Center
JPMA	–	Japanese Pharmaceutical Manufacturers Association
JSM	–	Japan Standard Merchandise List
MHW	–	Ministry of Health and Welfare (KOSEISHO)
MOF	–	Ministry of Finance
MOSS	–	Market-Oriented, Sector-Selective Talks
NCE	–	New Chemical Entity
NDA	–	New Drug Approval
NHI	–	National Health Insurance
NIH	–	National Institute of Health
OTC	–	Over-The-Counter Drugs
PAB	–	Pharmaceutical Affairs Bureau
PMS	–	Post Marketing Surveillance
R-Zone	–	Reasonable Zone Method
TSG	–	U.S.-Japan Trade Study Group

ABBILDUNGS-, TABELLEN- UND ÜBERSICHTSVERZEICHNIS

Seite

Abbildung 1: Entwicklung der Gesundheitsausgaben in Japan, 1970-90........................... 33

Abbildung 2: Finanzierungsstruktur des japanischen Gesundheitswesens, 1955-90.................. 35

Abbildung 3: Indikatoren des japanischen Gesundheitswesens im internationalen Vergleich, 1982... 36

Abbildung 4: Struktur und Entwicklung der Gesundheitsausgaben in Japan, 1980-86............. 40

Abbildung 5: Entwicklung der Gesundheitsausgaben und des Sozialprodukts in Japan, 1955-83.. 42

Abbildung 6: NHI-Preis-Revisionen, 1967-86............... 46

Abbildung 7: NHI-Preis-Revisionen und Erhöhungen der ärztlichen Leistungshonorierung, 1967-85.. 48

Abbildung 8: Umsatzentwicklung des japanischen Marktes für ethische Präparate, 1975-89............. 50

Abbildung 9: Bulk-line-System der NHI-Preis-Revision..... 53

Abbildung 10: Zahl und Abfolge der Zulassungen von Originalpräparaten und Generika auf dem japanischen Pharmamarkt, 1976-86.................. 62

Tabelle	1:	Bevölkerungsentwicklung in Japan, 1975-2015	30
Tabelle	2:	Entwicklung der Gesundheitsausgaben und des Pharmamarkts in Japan, 1975-85	43
Tabelle	3:	Geschäftsentwicklung der japanischen Arzneimittelhersteller, 1978-87	51
Tabelle	4:	Die führenden Anbieter auf dem japanischen Pharmamarkt, 1985	69
Tabelle	5:	Status der führenden Anbieter auf dem japanischen Pharmamarkt, 1985	70
Tabelle	6:	Markteinführung neuer Medikamente in Japan, 1981-84	73
Tabelle	7:	F+E-Aufwendungen der führenden japanischen Arzneimittelhersteller, 1978-85	93
Tabelle	8:	Exportanteile der führenden japanischen Arzneimittelhersteller, 1983-85	94
Tabelle	9:	Einführung neuer Substanzen (NCEs) auf dem Weltmarkt nach Herkunftsländern, 1981-86	101
Tabelle	10:	Zahl der an ausländische Arzneimittelhersteller neu vergebenen japanischen Lizenzen sowie Lizenzeinnahmen und -ausgaben, 1980-86	101
Tabelle	11:	Pharma-Lizenzbilanz Japans mit dem Ausland, 1976-84	102
Tabelle	12:	F+E-Ausgaben der 9 führenden japanischen Arzneimittelhersteller, 1978-85	106

Übersicht	1:	Das japanische Krankenversicherungssystem, 1983.................................. 32
Übersicht	2:	Das deutsche und japanische Vertriebssystem für Arzneimittel im Vergleich............... 37
Übersicht	3:	Zulassungsverfahren für neue Medikamente in Japan....................................... 59
Übersicht	4:	Verfahren der NHI-Preis-Festsetzung für neue Medikamente........................ 64
Übersicht	5:	Japanische Arzneimittelklassifikation nach der JSM-Liste.......................... 83
Übersicht	6:	Internationale Aktivitäten führender japanischer Arzneimittelhersteller, 1986........ 98
Übersicht	7:	Auslandsbeteiligungen führender japanischer Arzneimittelhersteller, 1984................ 100
Übersicht	8:	Pharmazeutische Produktinnovationen der 9 führenden japanischen Arzneimittelhersteller, 1978-85........................ 107

1. "ZUCKERBROT UND PEITSCHE" - JAPANS PHARMAZEUTISCHE INDUSTRIE IM GRIFF DES KOSEISHO

Herstellung, Vertrieb und Verwendung von Arzneimitteln sind seit jeher ein bevorzugter Gegenstand staatlicher Regulierung wo immer sich ein organisiertes Gesundheitswesen etabliert: zum einen, weil der Staat die medizinische Wirksamkeit, Sicherheit und Zweckmäßigkeit sowie den therapeutischen Fortschritt von Medikamenten gewährleisten soll; zum anderen, weil Pharmaproduktion und -distribution wesentliche Bestandteile des nationalen Gesundheitswesens sind, das i.d.R. nicht nach marktwirtschaftlichen Grundsätzen, sondern nach sozialen Prinzipien als kollektiv und solidarisch organisierte Vorsorge und Versorgung im Krankheitsfall gestaltet ist. Unzählige Vorschriften zur Entwicklung, Zulassung, Herstellung, Verschreibung und Abgabe von Arzneimitteln sowie massive Interventionen in den Preisbildungs-, Wettbewerbs-, Investitions- und Finanzierungsprozeß der pharmazeutischen Industrie sind Ausdruck dieses staatlichen Gestaltungs- und Lenkungswillens. Hiervon macht auch Japan keine Ausnahme.

Die staatliche Regulierung des japanischen Pharmamarkts liegt überwiegend in der Hand des KOSEISHO - des japanischen Ministeriums für Gesundheit und Wohlfahrt (MINISTRY OF HEALTH AND WELFARE; MHW). Darüber hinaus gibt es eine Reihe standesrechtlicher Kodizes, über deren Einhaltung v.a. die JAPANESE PHARMACEUTICAL MANUFACTURERS ASSOCIATION (JPMA) wacht. Noch weit stärker als in der Bundesrepublik Deutschland, ist der Pharmamarkt in Japan eingebettet in die historisch gewachsene Struktur eines staatlich regulierten Gesundheitswesens:
- Die japanische Krankenversicherung ist ein "gegliedertes System" in staatlicher und privater Trägerschaft, dem die Versicherten und ihre Familienangehörigen nach Erwerbsstatus und Betriebszugehörigkeit zugewiesen sind. Solange die subsidiäre Gesundheitsvorsorge durch die Familie noch funktionierte, waren nur etwa 70 vH der Bevölkerung krankenversichert; seit 1961 besteht jedoch allgemeine Versicherungspflicht mit einer generellen, bis zu 30-prozentigen Selbstbeteiligung.

- Niedergelassene Ärzte und Krankenhäuser arbeiten nach dem Sachleistungsprinzip. Im Gegensatz zur Bundesrepublik Deutschland gibt es weder den "Hausarzt" noch die "Krankenhausüberweisung": Patienten können bei ambulanter Behandlung zwischen niedergelassenen Ärzten und Krankenhausambulanz frei wählen. Sie erhalten die verschreibungspflichtigen (ethischen) Medikamente traditionell - von einer kurzen Unterbrechung während der MEIJI-Periode (1867-1912) abgesehen - i.d.R. nicht in der Apotheke, sondern von den Ärzten selbst.
- Ärzte und Krankenhäuser beziehen die Arzneimittel normalerweise nicht direkt beim Hersteller, sondern über eine Kette von Händlern und Großhändlern. Dieses Vertriebssystem hat seinen Ursprung im Handel mit holländischen Arzneimittelimporten im ausgehenden 16. Jahrhundert und gelangte bereits in der TOKUGAWA-Periode (1616-1868) zu großer Blüte. Ihm verdanken die meisten führenden japanischen Pharmahersteller ihre Gründung: Sie begannen - wie TANABE (1678), TAKEDA (1781), SHIONOGI (1878) oder FUJISAWA (1894) - als Großhändler und übernahmen alsbald von den Ärzten die Zubereitung der Arzneimittel. Eine eigenständige Pharmaindustrie entwickelte sich jedoch erst infolge der Notwendigkeit zur Importsubstitution während der beiden Weltkriege.
- Ärzte und Krankenhäuser dispensieren die Präparate zu Preisen, die vom KOSEISHO verbindlich festgesetzt und von den Krankenversicherungsträgern erstattet werden. Auf diese NHI- (NATIONAL HEALTH INSURANCE-) Preise erhalten die Leistungserbringer je nach Konkurrenzsituation Rabatte, aus denen sie bis zu 40 vH ihres Einkommens erzielen. Je nach Höhe der vom Hersteller gewährten Rabatte senkt das KOSEISHO in regelmäßigem Abstand den NHI-Preis, so daß Japan das einzige Land ist, in dem die Preise der am Markt eingeführten Arzneimittel trotz Inflation und F+E-Kostenexplosion sinken.

Diese eigentümliche Struktur des japanischen Gesundheitswesens hat mittlerweile zu einem ähnlichen Problemstau geführt wie in der Bundesrepbulik Deutschland, der unter Stichworten wie "Kostenexplosion", "Ärzteschwemme", "Bettenberge", "Übermedikation" und "Pharmamüll" diskutiert wird, so daß auch in Japan eine durchgreifende Strukturreform in absehbarer Zeit unabwendbar erscheint. Die japanische Pharmaindustrie hat den reformerischen Zugriff des KOSEISHO allerdings schon seit längerem zu spüren bekommen.

Nachdem sich der japanische Pharmamarkt nach dem Zweiten Weltkrieg als Folge des Dispensionsrechts der Ärzte, des zunehmenden Durchschnittsalters der Bevölkerung, der relativ liberalen Arzneimittelgesetzgebung bis Anfang der 60er Jahre und der staatlichen Infant-industry-Protektion mit jahresdurchschnittlichen Wachstumsraten von über 10 vH geradezu stürmisch entwickeln konnte, so daß die Ausgaben für Arzneimittel 1973 einen Anteil von 46,4 vH an den Gesundheitsausgaben insgesamt erreichten, hat das KOSEISHO den Pharmakaverbrauch inszwischen auf 27 vH gedrückt und beabsichtigt, ihn noch weiter auf ca. 20 vH zu reduzieren. Die Mittel dazu waren bisher die Verschärfung der allgemeinen Sicherheitsstandards für Arzneimittel, die Ausweitung der Selbstbeteiligung der Patienten an den Gesundheitskosten, die stärkere Kontrolle der Verschreibungs- und Dispensionspraxis der Ärzte durch die Kassen sowie vor allem die drastischen NHI-Preis-Senkungen seit 1981 und die stärkere Öffnung des Binnenmarktes für die ausländische Konkurrenz.

Dies ist die "Peitsche" des KOSEISHO; doch erhält die Pharmaindustrie in Japan auch reichlich "Zuckerbrot": Das MHW bevorzugt eindeutig innovative Präparate vor den Generika bei der Zulassung; es schützt Originalpräparate relativ stark vor Imitationen; es gewährt honorige NHI-Preise bei neu entwickelten Medikamenten; es fördert die Pharmaforschung institutionell, organisatorisch und finanziell; und es ebnet den führenden Arzneimittelherstellern den Weg in die Internationalisierung. Ist dies die Methode, mit der Japan von der internationalen Bedeutungslosigkeit zur "Pharma-Weltmacht" aufsteigen kann?

2. STRUKTUR UND ENTWICKLUNG DES JAPANISCHEN GESUNDHEITSWESENS

2.1. Krankenversicherung und medizinische Leistungsanbieter

In Japan leben zur Zeit etwa 120 Mio. Menschen. Ihre Lebenserwartung ist eine der höchsten der Welt; sie beträgt bei Männern 74 und bei Frauen 80 Jahre. Allerdings sind gegenwärtig erst gut 10 vH der Bevölkerung über 65 Jahre alt. Der Anteil der über 65-jährigen wird jedoch - ähnlich wie in der Bundesrepublik Deutschland - künftig rapide steigen und im Jahr 2000 bereits 15,6 vH betragen; im Jahr 2015 wird jeder fünfte Japaner über 65 Jahre alt sein. Japan wird dann bei einem Durchschnittsalter von knapp 42 Jahren eine der ältesten Bevölkerungen der Welt haben (*Tabelle 1*). Der Grund dafür liegt in der niedrigen Geburtenrate einerseits und der noch weiter zunehmenden Lebenserwartung andererseits. So wird die japanische Bevölkerung bis zum Jahr 2000 nur noch um 0,4 vH pro Jahr zunehmen; die Zahl der über 65-jährigen wächst jedoch mit einer jahresdurchschnittlichen Rate von 3,4 vH.

Tabelle 1: Bevölkerungsentwicklung in Japan, 1975-2015

	Gesamt-bevölkerung	über 65 absolut	Anteil	Durchschnitts-alter
1975	111,940	8,865	7.9	32.5
1980	117,060	10,647	9.1	33.9
1983	119,483	11,672	9.8	35.0
1985	120,301	12,198	10.1	35.7
1990	122,834	14,290	11.6	37.4
1995	125,383	17,082	13.6	38.7
2000	128,119	19,943	15.6	39.6
2005	130,008	22,228	17.1	40.4
2010	130,276	24,478	18.8	41.2
2015	129,332	27,311	21.1	41.9

Bevölkerung in Tsd.; Anteile in vH;
Durchschnittsalter in Jahren.
Quelle: MINISTRY OF HEALTH AND WELFARE (MHW).

Krankenversicherung und Selbstbeteiligung

Seit 1961 verfügt Japan über ein System teils staatlicher, teils privater Krankenversicherungen, in dem inzwischen 99,5 vH der Bevölkerung pflichtversichert sind. Es handelt sich um ein nach Wirtschaftszweigen, Betriebsgrößen und Erwerbsstatus der Versicherten gegliedertes System, das aus betrieblichen Krankenkassen hervorgegangen ist. Dementsprechend lassen sich Krankenversicherungen für Arbeitnehmer (*Employees Insurance*) und Nicht-Arbeitnehmer (*Community Health Insurance*) unterscheiden. Sieht man einmal von den quantitativ unbedeutenden Kassen für Seeleute und Tagelöhner ab, besteht die Arbeitnehmer-Krankenversicherung wiederum aus drei großen Gruppen von Versicherungen, so daß sich das japanische Krankenversicherungssystem im wesentlichen aus vier Kassenarten zusammensetzt (*Übersicht 1*):

- Die 1.700 größten Firmen unterhalten Betriebskrankenkassen (*Society-managed Health Insurance*), die als Privatversicherungen anzusehen sind. Ihnen gehören die Beschäftigten des jeweiligen Unternehmens und ihre Familienangehörigen an - das sind derzeit gut 24 vH aller Versicherten.
- Für die Beschäftigten von kleineren und mittleren Firmen (mit mehr als 5 Arbeitnehmern) besteht eine *Government-managed Health Insurance*, d.h. eine Art staatliche Betriebskrankenkasse. In ihr sind ebenfalls nur die Beschäftigten der jeweiligen Firmen und ihre Familienangehörigen versichert; sie erfaßt etwa 27 vH der Bevölkerung.
- Die Beschäftigten des öffentlichen Dienstes und der staatlichen Betriebe sowie die Lehrer an öffentlichen und privaten Schulen sind bei den Trägern der *Mutual Aid Association Insurance* versichert, die 10,5 vH aller Versicherten auf sich vereinigen.
- Für diejenigen Japaner, die keiner Betriebskrankenkasse angehören, ist die *National Health Insurance* (NHI) als staatliche Krankenversicherung zuständig. Sie wird von Städten und Gemeinden sowie von staatlichen Krankenversicherungsgesellschaften getragen und erfaßt insbesondere Selbständige, Bauern, Land- und Gelegenheitsarbeiter, Beschäftigte von Kleinstbetrieben sowie Rentner und Wohlfahrtsempfänger. In dieser Kassenart ist mit rd. 38 vH der größte Teil der Bevölkerung versichert.

Übersicht 1: Das japanische Krankenversicherungssystem, 1983

Versicherungs-arten			Versicherungs-träger	Versicherte in Tsd.	Versicherungsleistung	
					Mitglieder	mitversicherte Familienangehörige
Employees Insurance	Health Insurance	Government-managed	Staat	31,928 *(26.8%)	90%	ambulant 70% stationär 80%
		Society-managed	Health Insurance Societies (ca. 1,700)	28,620 *(24.1%)		
	Seamen's Insurance		Staat	631 *(0.5%)		
	Day Labourers' Health Insurance		Staat	413 *(0.3%)		
	Mutual Aid Association Insurance		MAAs	12,483 *(10.5%)		
Community Health Insurance	National Health Insurance		Städte und Gemeinden	44,838 *(37.8%)	70%	
			Staatliche Krankenversicherungs-gemeinschaften			

* (   ) := in vH der Gesamtbevölkerung.
Quelle: HEALTH INSURANCE BUREAU,
MINISTRY OF HEALTH AND WELFARE (MHW).

Die Betriebskrankenkassen, die zusammen über 50 vH der Versicherten und ihrer Familienangehörigen auf sich vereinigen, erzielten in den letzten Jahren durchweg erhebliche Überschüsse - in 1985 verzeichnete allein die *Government-managed Health Insurance* einen Überschuß von 301 Mrd. Yen (100 Yen = 1,30 DM) - und konnten so einen beachtlichen Reservefonds ansammeln. Diese Überschüsse und ihre Kumulierung sind möglich, weil die Betriebskrankenkassen nach Alter, Berufszugehörigkeit und Einkommenshöhe ihrer Mitglieder relativ gute Risiken auf sich vereinigen. Sobald nämlich das Beschäftigungsverhältnis beendet wird, muß der Versicherte in die NHI überwechseln. Wegen der günstigen Geschäftsabschlüsse der Betriebskrankenkassen wird in Japan momentan die Senkung der Prämiensätze diskutiert. Die Beiträge zu den Betriebskrankenkassen werden wie in der Bundesrepublik Deutschland zu 50 vH vom Arbeitgeber getragen.

Die NHI schließt dagegen wegen ihrer ungünstigen Mitgliederstruktur mit erheblichen Defiziten ab. Die gesamten Ausgaben des japanischen Gesundheitswesens beliefen sich 1985 auf 16.800 Mrd. Yen; das entspricht einem Anteil am Bruttosozialprodukt von gut 5 vH (BRD: 6,2 vH). Diese Ausgaben werden zu etwa einem Drittel durch den Staatshaushalt auf zentraler und lokaler Ebene aufgebracht - ein beachtlicher Transfer, der etwa 1,7 vH des japanischen Bruttosozialprodukts ausmacht und das staatliche Budget mit über 6 vH belastet. Da überdies die Versicherten durch ihre Selbstbeteiligung etwa 13 vH der Krankheitskosten selbst tragen, bringen die japanischen Krankenversicherungen insgesamt nur rd. 54 vH der Gesamtausgaben für die medizinische Versorgung auf (*Abbildung 1*).

Abbildung 1: Entwicklung der Gesundheitsausgaben in Japan, 1970-90

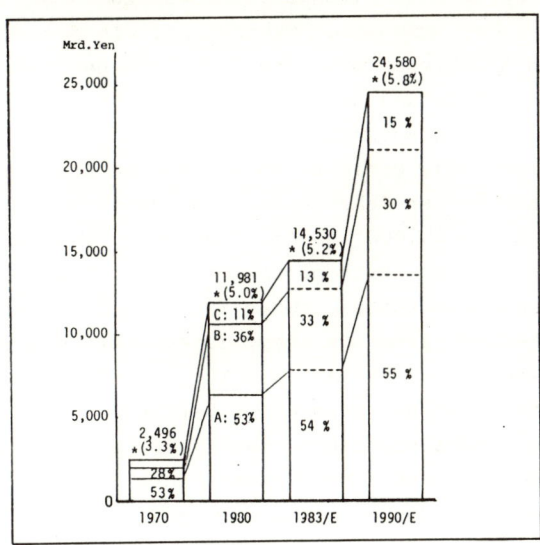

* ( ) := in vH des nominalen Bruttosozialprodukts.
Die Gesundheitsausgaben werden anteilmäßig getragen von den Krankenversicherungen (A), vom Staat (B) und von den Patienten (C). E:= geschätzt.
Quelle: MINISTRY OF HEALTH AND WELFARE (MHW).

Obwohl Japan international gesehen nach wie vor einen relativ geringen Teil seines Bruttosozialprodukts für Gesundheitszwecke verwendet, hat es auch hier seit Anfang der 70er Jahre eine merkliche Kostenexplosion im Gesundheitswesen gegeben (s. Abschnitt 2.3.). Um sie in den Griff zu bekommen, wurde 1983 für die über 70-jährigen - die seit 1973 beitragsfrei in der NHI versichert sind - eine generelle Selbstbeteiligung an den Krankheitskosten eingeführt (*Rojin -ho*). Sie betrug zunächst 400 Yen pro Monat bei ambulanter Behandlung (*out-patients*) und 300 Yen pro Tag - bis maximal 2 Monate - bei stationärer Versorgung (*in-patients*), deckt aber nur rd. 1,5 vH der gesamten Gesundheitsausgaben für diese Altersgruppe.

Im Oktober 1984 wurde das *Health Insurance Law* erneut revidiert: Seitdem gilt in den Betriebskrankenkassen für die Mitglieder eine generelle Selbstbeteiligung an den Krankheitskosten in Höhe von 10 vH; für die Familienangehörigen beträgt der Selbstbeteiligungssatz sogar 20 vH bei stationärer und 30 vH bei ambulanter Behandlung. In der NHI müssen sich seitdem Mitglieder und ihre Familienangehörigen in Höhe von 30 vH an den Behandlungskosten beteiligen (*Übersicht 1*). Allerdings wird die Selbstbeteiligung durch absolute Höchstsätze begrenzt, die derzeit bei 51.000 Yen (ca. 660 DM) pro Monat bei ambulanter Behandlung - für Versicherte mit niedrigem Einkommen 39.000 Yen (ca. 500 DM) - und 400 Yen (ca. 5,20 DM) pro Tag bei stationärem Aufenthalt liegen. Zur Zeit wird ein neues Selbstbeteiligungs-System diskutiert, das für alle Versicherten einen einheitlichen Satz von 20 vH vorsieht, während die 65-69-jährigen 10 vH und die über 70-jährigen 5 vH der Krankheitskosten selbst tragen sollen. Ziel ist es, die Inanspruchnahme medizinischer Leistungen zu drosseln und den staatlichen Transferanteil an den Gesundheitsausgaben zu reduzieren (*Abbildung 2*).

Ambulante und stationäre medizinische Versorgung

Die medizinischen Leistungen werden in Japan durch Krankenhäuser und frei praktizierende Ärzte nach dem Sachleistungsprinzip erbracht. Gegenwärtig (1984) gibt es etwa 9.600 Krankenhäuser mit über 20 Betten, darunter 4.300 Krankenhäuser mit mehr als 100 Betten. Insgesamt verfügen die Kliniken über rd. 1,5 Mio. Betten, zu denen noch knapp 300 Tsd. Betten in Ambulatorien und bei den niedergelassenen Ärzten hinzukommen, so daß sich Japan mit knapp 83 Betten in größe-

Abbildung 2: Finanzierungsstruktur des japanischen Gesundheitswesens, 1955-90

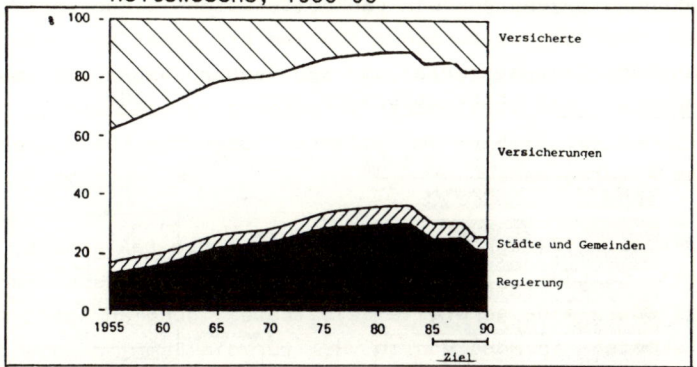

Quelle: MINISTRY OF HEALTH AND WELFARE (MHW).

ren Kliniken pro 10 Tsd. Einwohnern an der Spitze der Industrieländer befindet (BRD: 71). Aber auch die Dauer des Krankenhausaufenthalts ist mit knapp 40 Tagen bei einer Kapazitätsauslastung von 82 vH "Weltspitze" (BRD: 16 Tage; *Abbildung 3*). Von den über 170 Tsd. Ärzten sind knapp 60 vH in Krankenhäusern und gut 40 vH als niedergelassene Ärzte tätig. Hinzu kommen noch über 61 Tsd. Zahnärzte. Dennoch ist die Ärztedichte mit 138 Ärzten pro 100 Tsd. Einwohnern (1982) im internationalen Vergleich relativ gering (BRD: über 220).

Der Grund für diese spezifische Struktur der Leistungsanbieter besteht darin, daß die Kliniken in großem Umfange Ambulanzen unterhalten, zu denen der Patient freien Zutritt hat. Grundsätzlich kann nämlich der Patient im Krankheitsfall zwischen dem niedergelassenen Arzt oder der Ambulanz des Krankenhauses wählen; einer Überweisung des behandelnden niedergelassenen Arztes in das Krankenhaus bedarf es also nicht. Auch gibt es in Japan keinen dem deutschen "Hausarzt" vergleichbaren niedergelassenen Arzt. Das hat zur Folge, daß der japanische Patient, der der Ärzteschaft im allgemeinen grenzenlos vertraut, kaum engere Beziehungen zu einem niedergelassenen Arzt aufbaut und im Krankheitsfalle im Zweifel gleich in die Ambulanz einer ihm als gut bekannten Klinik geht. Erst in jüngster Zeit versucht das KOSEISHO, die ambulante Beanspruchung der Kliniken zurückzudrängen und ein "Hausarzt-System" aufzubauen. Dennoch nimmt der Anteil der Krankenhausärzte nach wie vor zu.

Abbildung 3: Indikatoren des japanischen Gesundheitswesens im internationalen Vergleich, 1982

Auslastungsquote der Krankenhäuser (in %)	
Japan	82.0 %
USA	73.7 %
BRD	82.7 %
Schweden	77.4 %
Frankreich	79.6 %
GB	75.6 %

Durchschnittliche Dauer des Krankenhausaufenthalts (in Tagen)	
Japan	39.6
USA	8.0
BRD	15.8
Schweden	12.6
Frankreich	14.9
GB	12.8

Anzahl der Betten (auf 10.000 Einwohner)	
Japan	82.9
USA	49.5
BRD	70.8
Schweden	73.0
Frankreich	81.1
GB	37.5

Anzahl der Ärzte (auf 100.000 Einwohner)	
Japan	138.2
USA	186
BRD	221
Schweden	197
Frankreich	182
GB	152

Quelle: MINISTRY OF HEALTH AND WELFARE (MHW).

2.2. Ärzte als Apotheker

Leistungserbringer und Patienten

Im Gegensatz zur Bundesrepublik Deutschland besteht eine Besonderheit des japanischen Gesundheitswesens auch darin, daß die verschreibungspflichtigen Präparate direkt von den niedergelassenen Ärzten und Krankenhäusern abgegeben werden. Zwar gibt es in Japan etwa 34 Tsd. Apotheken und knapp 20 Tsd. Drogerien; sie vertreiben jedoch meist nur solche Medikamente und Wirkstoffe, die verschreibungsfrei und überdies normalerweise nicht durch das MHW als erstattungsfähig anerkannt sind, also in der Mehrzahl der Selbstmedikation dienen (*Over-The-Counter (OTC) Drugs*). Allerdings gibt es auch Ärzte, die auf das Dispensionsrecht verzichten, so daß die Apotheken in Zusammenarbeit mit den betreffenden Ärzten häufig auch ein gewisses Sortiment rezeptpflichtiger Präparate führen. Der weit überwiegende, insbesondere verschreibungspflichtige Teil der Medikamente und Wirkstoffe wird dagegen von den Ärzten und Krankenhäusern dispensiert. Diese beziehen die Arzneimittel von den etwa 480 zur Zeit in Japan tätigen Großhändlern. Da die meisten Großhändler nicht das gesamte erforderliche Sortiment führen und überdies in einem intensiven Rabattwettbewerb stehen, unterhalten Ärzte und Krankenhäuser mit jeweils verschiedenen Großhändlern geschäftliche Beziehungen (*Übersicht 2*).

Übersicht 2: Das deutsche und japanische Vertriebssystem für Arzneimittel im Vergleich

```
Bundesrepublik Deutschland                            Japan

┌Export┐   ┌Hersteller┐                     ┌Export┐   ┌Hersteller┐
│ 43% │   │(ca. 1.000)│                     │ 3,1% │   │(ca. 1.700)│
└─────┘   └───────────┘                     └──────┘   └───────────┘
              │76%      │3%                                │86.5%
              ▼         ▼                                  ▼
        ┌──────────┐  ┌──────────┐                   ┌──────────┐
        │Großhändler│  │Großhändler│                   │Großhändler│
        │  (40)    │  │  (550)   │                   │ (ca. 480)│
        └──────────┘  └──────────┘                   └──────────┘
           │76%  5% 6%    │3%                       5.2% 77.9% 8.4%  7.3%    1.0%
           ▼              ▼                          ▼              ▼
        ┌──────────┐  ┌──────────┐              ┌──────────┐  ┌──────────┐
        │Apotheken │  │Krankenhaus│             │Krankenhäuser:│ │Apotheken:│
        │(16.400) │  │apotheken │              │  9.574   │  │ 33.933  │
        │          │  │ (3.100)  │              │Niedergelassene│ │Drogerien:│
        └──────────┘  └──────────┘              │Ärzte: 78.332│ │ 19.238  │
┌─────────┐   │81%         │19%                 └──────────┘  └──────────┘
│Nieder-  │   ▼            ▼                         │83.1%      │15.9%
│gel.Ärzte│  ┌────────────────┐                      ▼            ▼
│(59.777) │  │   Patienten    │                   ┌────────────────┐
└─────────┘  └────────────────┘                   │   Patienten    │
                                                   └────────────────┘
```

Quelle: BAYER YAKUHIN (1986).

Das japanische Arzneimittelrecht unterscheidet nach ethischen und nichtethischen Präparaten. Ethische Präparate sind i.d.R. verschreibungspflichtig; sie werden vom MHW als *ethicals* anerkannt und sind dann üblicherweise auch erstattungsfähig. Soweit ethische Arzneimittel ausnahmsweise rezeptfrei von den Apotheken dispensiert werden dürfen, erfolgt jedoch keine Erstattung durch die Krankenversicherungsträger. Durchweg nichterstattungsfähig sind auch die nichtethischen (OTC-)Präparate; sie werden - teils ärztlich verordnet, überwiegend aber ohne Rezept - von Apotheken und Drogerien im Handverkauf abgegeben. Freilich werden über 95 vH des gesamten Arzneimittelumsatzes in Japan mit ethischen Präparaten erzielt, davon 42 vH im Geschäft mit Krankenhäusern und 58 vH mit niedergelassenen Ärzten.

Während das japanische Arzneimittelgesetz die Publikumswerbung bei den Ethicals verbietet, kann für die nichtethischen Präparate auch in der Öffentlichkeit geworben werden. Die Arzneimittel selbst können Original- oder Nachahmerpräparate sein: Originalpräparate sind Medikamente, die vom Hersteller originär entwickelt wurden und unter einem rechtlich geschützten Markennamen vertrieben werden; Nachahmerpräparate werden von Konkurrenten nach Ablauf des Patentschutzes für den im Originalpräparat enthaltenen Wirkstoff entwickelt und entweder unter dem chemischen Freinamen des Wirkstoffs (*generics*) oder unter eigenem Handelsnamen (*branded generics; me-toos*) auf den Markt gebracht. Da Nachahmerpräparate meist als *branded generics* eingeführt sind, werden im folgenden die Bezeichnungen *Generika* und *Me-toos* synonym gebraucht.

Das KOSEISHO setzt für jedes erstattungsfähige Medikament einen absolut verbindlichen Preis - den sogenannten NHI-Preis - fest; er wird dem dispensierenden Arzt durch die Krankenversicherungsträger ersetzt. Die Großhändler räumen den Ärzten in Abstimmung mit den Herstellern je nach Konkurrenzsituation untereinander und unter den einzelnen Medikamenten Rabatte zwischen 20-30 vH auf den NHI-Preis ein (*doctor margin*); aber auch 40 vH und mehr sind keine Seltenheit - z.B. bei den Me-toos, insbesondere auf dem überbesetzten Markt für Antibiotika. Andererseits liegen die Rabatte bei konkurrenzlosen Originalpräparaten gegebenenfalls auch unter 10 vH. Hinzu kommen Mengenrabatte bezüglich der Abnahme einzelner Medikamente wie auch Mengenrabatte für den Gesamtumsatz eines niedergelassenen Arztes mit einem bestimmten Großhändler. Dasselbe gilt auch für die Krankenhäuser, die in 1986 schätzungsweise einen durchschnittlichen Rabatt von 23 vH auf die NHI-Preise ihres gesamten Medikamenten-Sortiments erhalten haben. Diese Rabatte an die Leistungserbringer sind allerdings im Erstattungssystem eigentlich nicht vorgesehen. Wenn sich die Rabattierung dennoch praktisch durchgesetzt hat, so ist dies v.a. ein Ergebnis des intensiven Wettbewerbs unter den Pharmaherstellern. Überdies sind die Rabatte ein zentraler Ansatzpunkt für das KOSEISHO, die NHI-Preise häufig und mitunter drastisch zu senken (s. Abschnitt 2.4.).

Die medizinische Behandlung durch die niedergelassenen Ärzte wie die Krankenhäuser wird von den Krankenversicherungsträgern nach dem System der Einzelleistungshonorierung entgolten. Durch den Vertrieb der Medikamente entsteht jedoch den Leistungserbringern ein erhebliches zusätzliches Einkommen. So erzielen die niedergelassenen Ärzte etwa 30-40 vH ihres Gesamteinkommens aus dem Arzneimittelverkauf; die Krankenhäuser mit über 100 Betten haben 1985 390 Mrd. Yen - das sind durchschnittlich 90 Mio. Yen (ca. 1,2 Mio. DM) pro Krankenhaus - durch den Verkauf von Medikamenten verdient.

Dieses System bewirkt letztlich eine Übermedikation durch die Leistungserbringer, weil sie an jedem verschriebenen und abgegebenen Medikament verdienen. Hierzu zwei Beispiele:

- Im Falle von Husten und Schnupfen werden häufig ein *Antibiotikum*, ein *Antipyretikum*, ein schleimlösendes Mittel und eventuell zusätzlich eine Reihe vitaminhaltiger Präparate verordnet.

- Im Falle eines Ulcus werden meist ein *H2-Blocker*, ein *Antacidum*, ein *Vagolyticum* sowie verdauungsfördernde Mittel verabreicht.

In Verbindung mit der ausgeprägten Furcht der Japaner vor Ansteckungskrankheiten erklärt sich aus diesem System der Einkommenserzielung der Leistungserbringer z.B. auch der im internationalen Vergleich absolut überdimensionierte Antibiotika-Markt, der immerhin 20 vH des Umsatzvolumens aller ethischen Medikamente ausmacht. Damit entfällt allein auf Japan ein Drittel des Weltverbrauchs aller Antibiotika. "Weltspitze" ist aber auch der generelle Pro-Kopf-Verbrauch an Medikamenten, der etwa doppelt so hoch ist wie in der Bundesrepublik und in den USA. Aus diesem Grund - wie auch wegen der relativ hohen Arzneimittelpreise - liegt der Anteil der Arzneimittelausgaben an den Gesundheitsausgaben insgesamt in der Spitze (1980-81) mit fast 40 vH (BRD: 16,5 vH, bezogen auf die Sachleistungsausgaben in der GKV) exorbiant hoch (*Abbildung 4*).

Abbildung 4: Struktur und Entwicklung der Gesundheitsausgaben in Japan, 1980-86

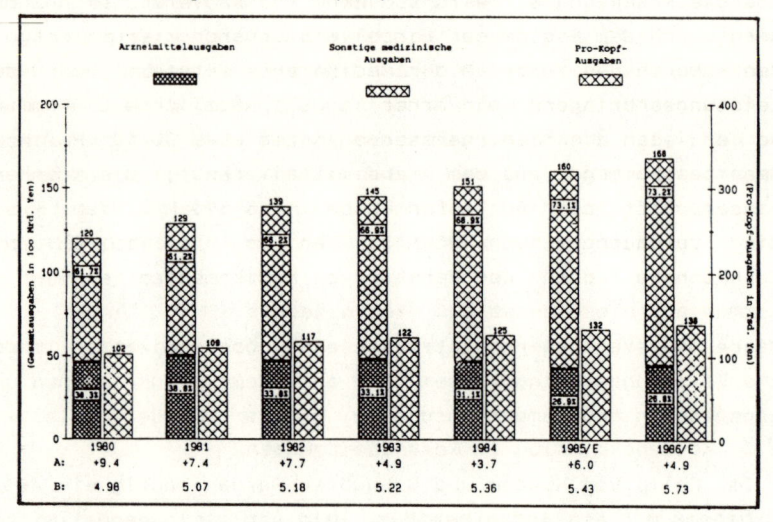

A:= Veränderung in vH.
B:= Anteil in vH am nominalen Bruttosozialprodukt.
E:= geschätzt.
Quelle: MINISTRY OF HEALTH AND WELFARE (MHW).

Arzneimittelhersteller und Großhändler

Die Großhändler beschäftigen etwa 35 Tsd. Vertreter, die die niedergelassenen Ärzte und Krankenhäuser regelmäßig besuchen und betreuen. Dabei dürfen jedoch im Gegensatz zur Bundesrepublik Deutschland 3 Jahre nach Markteinführung eines Präparats keine Ärztemuster mehr abgegeben, d.h. keine Naturalrabatte gewährt werden. Kommt ein Präparat neu auf den Markt, können Ärztemuster zur Einführung in begrenzter Zahl je Arzt und Krankenhaus gratis abgegeben werden. Verstöße gegen diese Regelung werden nach einem *Ethical Code* der Hersteller gemaßregelt und ziehen gegebenenfalls einen Verkaufsstopp für die betreffende Firma nach sich.

Selbstverständlich werden die von den Leistungserbringern geforderten und von den Großhändlern gewährten Rabatte letztlich auf die Arzneimittelhersteller weitergewälzt. Auch im Verhältnis zwischen Pharmaproduzent und Großhändler ist für die Höhe des Rabatts entscheidend, in welcher Konkurrenzsituation das jeweilige Medikament steht und welche absatzstrategischen Gesichtspunkte beim Hersteller überwiegen. Wie hart dieser Wettbewerb um die Plazierung von Medikamenten bei den Großhändlern einerseits und bei den Leistungserbringern andererseits ist, mag daraus ersehen werden, daß auch die Pharmaproduzenten etwa 32 Tsd. Vertreter beschäftigen. Diese haben neben der unverzichtbaren wissenschaftlichen Arztinformation insbesondere die Aufgabe, die Verkaufsbemühungen der Großhändler mit entsprechenden Marketingkonzepten und Rabatten zu unterstützen. Immerhin kommen auf diese Weise auf die insgesamt etwa 170 Tsd. Ärzte 67 Tsd. Vertreter des Pharmagroßhandels und der Pharmaindustrie.

2.3. Kostenexplosion im Gesundheitswesen

Symptome der Kostenexplosion

Ähnlich wie in der Bundesrepublik Deutschland sind die Ausgaben im japanischen Gesundheitswesen seit Anfang der 70er Jahre dramatisch gewachsen: Sie stiegen im Zeitraum von 1970-83 nominal um 500 vH, während das nominale Bruttosozialprodukt im selben Zeitraum nur um gut 200 vH zunahm. Dabei fand der größte Ausgabenschub in der ersten Hälfte der 70er Jahre statt. Immerhin haben sich die Ausgaben für Gesundheitsgüter in Japan von 6.478 Mrd. Yen in 1975 auf 16.800 Mrd. Yen in 1986 weit mehr als verdoppelt. Dennoch steigen die Gesundheitsausgaben nach wie vor überproportional zum Sozialprodukt, wenngleich sich die Schere zwischen beiden Wachstumspfaden in jüngerer Zeit etwas geschlossen hat: Im Zeitraum von 1970-80 wuchsen die Gesundheitsausgaben mit einer jahresdurchschnittlichen Rate von 17 vH, das nominale Bruttosozialprodukt nur mit 12,3 vH; die entsprechenden Zahlen für den Zeitraum von 1976-84 belaufen sich dagegen auf rund 10 vH für die Gesundheitsausgaben und ca. 8 vH für das nominale Bruttosozialprodukt (*Abbildung 4 und 5*). In 1984 allein wuchs das Sozialprodukt freilich erstmals stärker als die Gesundheitsausgaben.

Abbildung 5: Entwicklung der Gesundheitsausgaben und des Sozialprodukts in Japan, 1955-83

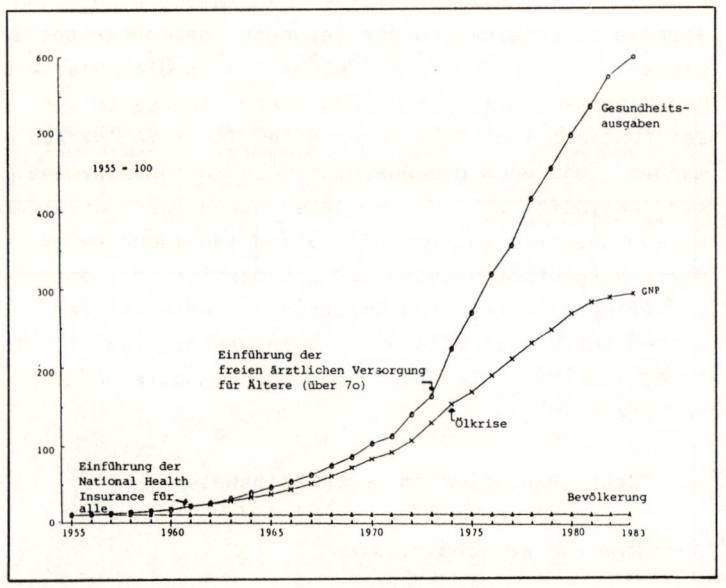

GNP := nominales Bruttosozialprodukt.
Quelle: MINISTRY OF HEALTH AND WELFARE (MHW).

An dieser enormen Expansion des japanischen Gesundheitsmarktes hat die pharmazeutische Industrie aufgrund der Verschreibungspraxis der Leistungserbringer bis 1980 überdurchschnittlich partizipieren können: Die Ausgaben für Medikamente sind im Zeitraum von 1975-80 mit jahresdurchschnittlich gut 17 vH deutlich stärker gewachsen als die Gesundheitsausgaben insgesamt (14,4 vH p.a.). Auf diese Weise konnte der Anteil der Arzneimittelausgaben an den Gesamtausgaben des Gesundheitssektors Anfang der 80er Jahre auf über 38 vH gesteigert werden. Aufgrund verschiedener Maßnahmen zur Kostendämpfung des MHW, insbesondere der verschärften Preisadministration (s. Abschnitt 2.4.), wurde die jahresdurchschnittliche Wachstumsrate der Ausgaben für Medikamente von 1981-85 auf nur noch 3,5 vH gedrückt. Hierdurch rutschte der Anteil des Pharmaumsatzes an den Gesundheitsausgaben insgesamt von über 38 auf rd. 30 vH ab. Der Gesamtmarkt der pharmazeutischen Industrie in Japan verlor somit in nur 6 Jahren über 8 Prozentpunkte "Marktanteil" im Gesundheitssektor (*Tabelle 2*).

Tabelle 2: Entwicklung der Gesundheitsausgaben und des Pharmamarktes in Japan, 1975-85

| | Gesundheitsausgaben | | Anteil der Arzneimittelausgaben | Wachstum des Pharmamarkts | | Wachstum des nom. Bruttosozialprodukts | Wachstum des nom. Arbeitseinkommens |
				-Wert-	-Menge-		
	(Mrd.Yen)	(Veränderung in %)	(%)	(%)	(%)	(%)	(%)
1975	6,478	20.4	37.8	21.4	-	10.0	14.7
1976	7,668	18.4	37.3	22.0	-	12.2	12.6
1977	8,569	11.7	37.7	11.4	-	10.9	8.5
1978	10,004	16.8	34.2	18.3	-	9.6	6.5
1979	10,951	9.5	36.0	14.7	-	7.4	6.0
1980	11,981	9.4	38.2	15.6	16.4	8.5	6.3
1981	12,871	7.4	38.7	4.1	15.2	5.8	5.3
1982	13,866	7.7	34.1	10.4	17.8	5.0	4.5
1983	14,544	4.9	35.1	6.6	10.3	4.2	3.5
1984	15,100	3.8	30.9	-3.2	11.6	6.7	4.5
1985	16,100(E)	6.7	29.5	-0.3	-	-	-

Quelle: MINISTRY OF HEALTH AND WELFARE (MHW).

Ursachen der Kostenexplosion

Die nach wie vor anhaltende Kostenexplosion im japanischen Gesundheitswesen hat jedoch noch andere Ursachen als den zumindest bis 1980 ungebrochenen Anstieg des Arzneimittelverbrauchs und die damit einhergehende Expansion des Pharmamarktes. Als besonders gravierend werden in Japan nachfrageseitig die Konsequenzen der sich laufend verschlechternden Altersstruktur der Bevölkerung angesehen: Mit dem Anstieg des Anteils der über 65-jährigen an der Bevölkerung nehmen zwangsläufig die durchschnittliche Morbidität und damit auch die Nachfrage nach medizinischer Versorgung zu. Während 1977 erst 27 vH der Ausgaben auf die über 65-jährigen entfielen, waren es 1982 schon 34 vH. Diese Dynamik wird sich in Zukunft wegen der zunehmenden Überalterung der japanischen Bevölkerung noch weiter verstärken (*Tabelle 1*).

Angebotsseitig spielen als kostentreibende Faktoren der medizinisch-pharmazeutisch-technische Fortschritt einerseits und der Anstieg der Zahl der Leistungserbringer andererseits eine wesentliche Rolle. Während es 1965 erst 110 Tsd. Ärzte in Japan gab, waren es 1982 bereits über 170 Tsd.; und bis zum Jahr 2000 könnte ihre Zahl leicht auf 270 Tsd. ansteigen. Die Zahl der Ärzte würde sich dann mit 210 pro 100 Tsd. Einwohnern gegenüber 1965 praktisch verdoppelt haben. Dabei zeigt sich zudem noch eine bemerkenswerte Strukturverschiebung insofern, als sich der Trend von den niedergelassenen Ärzten zu den Krankenhausärzten hin weiter verstärkt: Bereits heute arbeiten knapp 60 vH der noch aktiven Ärzte in den Kliniken. Hierdurch wird der Kostenanstieg im stationären Bereich weiter dynamisiert, weil die Patienten ohne Überweisung in die Ambulanzen der Kliniken gehen können und dort von immer mehr Ärzten mit immer mehr Medikamenten versorgt und im Zweifelsfall in stationärer Behandlung festgehalten werden.

2.4. KOSEISHO-Politik der Kostendämpfung

Strukturreformen

Spätestens seit Anfang der 80er Jahre versucht das MHW, die Kostenexplosion im japanischen Gesundheitswesen in den Griff zu bekommen. 1982 wurden erstmals Richtlinien zur Rationalisierung des medizinischen Behandlungssystems entwickelt.

Dabei geht es insbesondere um die gemeinsame Nutzung teurer medizinischer Apparaturen und Behandlungsmethoden durch die Leistungserbringer. Zum anderen sollen die Leistungserbringer intensiver in ihrer Verschreibungspraxis und der Abrechnung von Leistungen gegenüber der NHI kontrolliert werden. Weiterhin wurde ein numerus clausus für die medizinischen Fakultäten des Landes erlassen, um die Zahl der Hochschulabsolventen im Fach Medizin künftig zu reduzieren. Darüber hinaus wird seit 1984 eine generelle Selbstbeteiligung der Patienten an den Krankheitskosten praktiziert (s. Abschnitt 2.1.). Dennoch scheint auch Japan auf Dauer nicht um eine durchgreifende Strukturreform seines Gesundheitswesens herumzukommen. Um sie vorzubereiten, hat das MHW kürzlich die Einrichtung eines neuen PLANNING COMMITTEE ON EXTENSIVE POLICY FOR NATIONAL HEALTH CARE angekündigt, das sich insbesondere mit der Revision des *Medical Affairs Law* sowie des *Health Care Scheme for the Aged Law* befassen soll.

In diesem Zusammenhang wird v.a. diskutiert, ob nicht durch ein System von "Hausärzten" der rapide Anstieg der Kosten stationärer Behandlung gebremst werden könnte. Dabei sollen der ambulante Teil der Krankenhäuser reduziert und die bisher hier behandelten Patienten zunehmend auf die niedergelassenen Ärzte verwiesen werden. Offensichtlich ist daran gedacht, dem Patienten in Zukunft den direkten Weg zum Krankenhaus zu erschweren, indem die Einweisung zur stationären Behandlung - wie in der Bundesrepublik Deutschland üblich - von einer Überweisung des niedergelassenen Arztes abhängig gemacht wird. Dies würde freilich bedeuten, die Versorgung durch frei praktizierende Ärzte quantitativ und qualitativ zu verbessern und insbesondere eine enge Bindung zwischen Patient und ambulant behandelndem Arzt ("Hausarzt") aufzubauen, was es in dieser Form in Japan bisher nicht gegeben hat. Hierdurch sollen die praktischen Ärzte zunächst Krankheiten diagnostizieren und die Patienten hinsichtlich der Schwere ihrer Krankheiten herausfiltern, damit die Krankenhäuser keinen direkten Zugriff mehr zum Patienten bekommen. Diese Reform würde freilich einen tiefgreifenden Einschnitt in die Struktur der Ärzteschaft bedingen, die über eine äußerst starke Lobby beim MHW, vor allem aber im Parlament verfügt und bisher auch nur die kleinste, ihre Einkommenssituation beeinträchtigende Reform zu blockieren wußte.

Preispolitik

Die mit Abstand wichtigste und kurzfristig bereits äußerst effektive Maßnahme des MHW zur Kostendämpfung ist das ständige Herabsetzen der den Ärzten und Krankenhäusern für die von ihnen abgegebenen Medikamente vergüteten NHI-Preise. Diese Preisreduktionen (*Bulk-line-System*) sind ein besonderes Kennzeichen des japanischen Gesundheitswesens (s. 3. Kapitel) und werden bereits seit den 60er Jahren - wenn auch zunächst moderat - für alle bereits im Markt eingeführten und NHI-preisgelisteten Medikamente praktiziert. Sie haben zur Folge, daß Medikamente, die z.B. 1966 in den Markt eingeführt wurden, 20 Jahre später durchschnittlich nur noch mit einem NHI-Preis vergütet werden, der 42 vH des ursprünglichen NHI-Einführungspreises ausmacht; d.h. sie unterlagen im Durchschnitt einer staatlich verordneten Preissenkung in Höhe von insgesamt 58 vH. Dabei sind die Preisre-

Abbildung 6: NHI-Preis-Revisionen, 1967-86

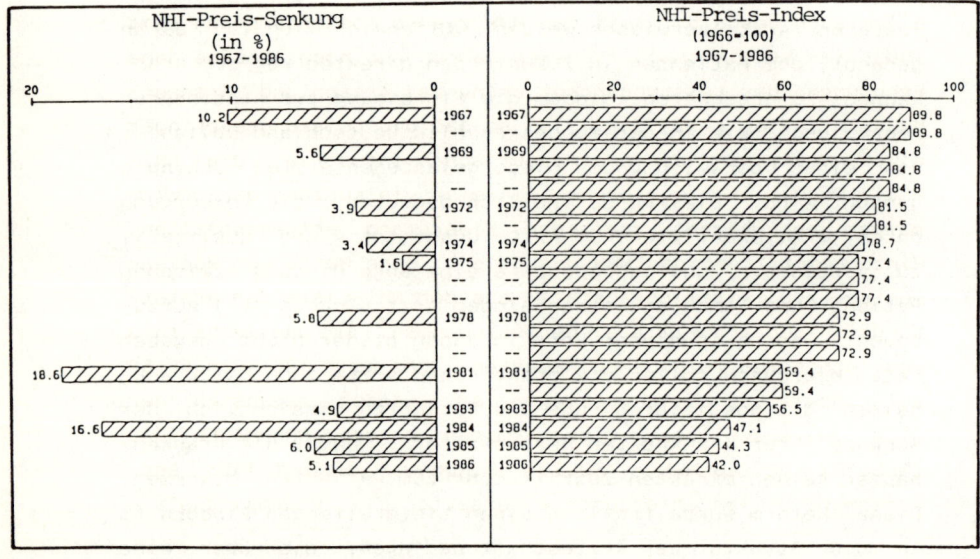

NHI-Preis-Senkung (in %) 1967-1986	Jahr	NHI-Preis-Index (1966=100) 1967-1986
10.2	1967	89.8
--	--	89.8
5.6	1969	84.8
--	--	84.8
--	--	84.8
3.9	1972	81.5
--	--	81.5
3.4	1974	78.7
1.6	1975	77.4
--	--	77.4
--	--	77.4
5.8	1978	72.9
--	--	72.9
--	--	72.9
18.6	1981	59.4
--	--	59.4
4.9	1983	56.5
16.6	1984	47.1
6.0	1985	44.3
5.1	1986	42.0

Quelle: MINISTRY OF HEALTH AND WELFARE (MHW).

duktionen nach Höhe und Frequenz recht unterschiedlich auf den gesamten Zeitraum verteilt (*Abbildung 6*).

Bis 1978 fanden etwa alle 2-3 Jahre Preisrevisionen statt, durch die die NHI-Preise insgesamt um 44 Prozentpunkte gekürzt wurden, so daß der NHI-Preisindex zunächst von 100 (1966) auf 72,9 (1980) fiel. Unter dem Druck des MINISTRY OF FINANCE (MOF), das dem KOSEISHO seit Anfang der 80er Jahre nur noch eine jährliche Budgeterhöhung von 2-3 vH zugestand, sah sich das MHW gezwungen, seine Transfers an die NHI u.a. durch radikale Senkungen der Arzneimittelpreise in Grenzen zu halten. So kam es in 1981 zu einer durchschnittlichen Kürzung der NHI-Preise um 18,6 vH, der ab 1983 jährlich weitere Preisreduktionen folgten. Insgesamt addieren sich die Preissenkungen seit 1981 auf 51,2 Prozentpunkte, so daß der NHI-Preisindex von 72,9 (1980) auf 42 (1986) fiel. Frühestens für 1988 wird eine weitere, eher moderate Senkung der NHI-Preise um durchschnittlich 10 vH erwartet.

Diese drastische Senkung der NHI-Preise ist weitgehend auf die Arzneimittelhersteller durchgeschlagen und hat die pharmazeutische Industrie nach einer langen Periode stürmischer Expansion mit einem "winter freeze" konfrontiert. Dies vor allem auch deshalb, weil das MHW zwecks Kostendämpfung seit 1983 im Vergleich zu früheren Jahren nur noch bescheidene Erhöhungen der Leistungshonorierung bei Ärzten und Krankenhäusern zuließ (*Abbildung 7*), so daß die Leistungserbringer allen Versuchen der pharmazeutischen Industrie, die NHI-Preis-Reduktionen zumindest teilweise via Kürzung der *doctor margin* abzuwälzen, heftigen Widerstand entgegensetzten. Hinzu kommt, daß das MHW diskutiert, eine Reihe von Medikamenten (z.B. Vitaminpräparate) aus der NHI-Liste der erstattungsfähigen Arzneimittel herauszunehmen, um das Verhältnis von ethischen zu OTC-Medikamenten, das seit 1961 von 50:50 auf inzwischen 85:15 gestiegen ist, wieder zugunsten der OTCs zu verschieben. Einer Empfehlung des PHARMACEUTICAL INDUSTRY DEVELOPMENT POLICY FORUM vom Herbst 1985 entsprechend sollen hierdurch einerseits die Pharmaindustrie wieder stärker von der Verschreibungspraxis der Leistungserbringer abgekoppelt sowie andererseits die kostengünstigere Gesundheitsvorsorge und Selbstmedikation forciert werden.

Abbildung 7: NHI-Preis-Revisionen und Erhöhungen der ärztlichen Leistungshonorierung, 1967-86

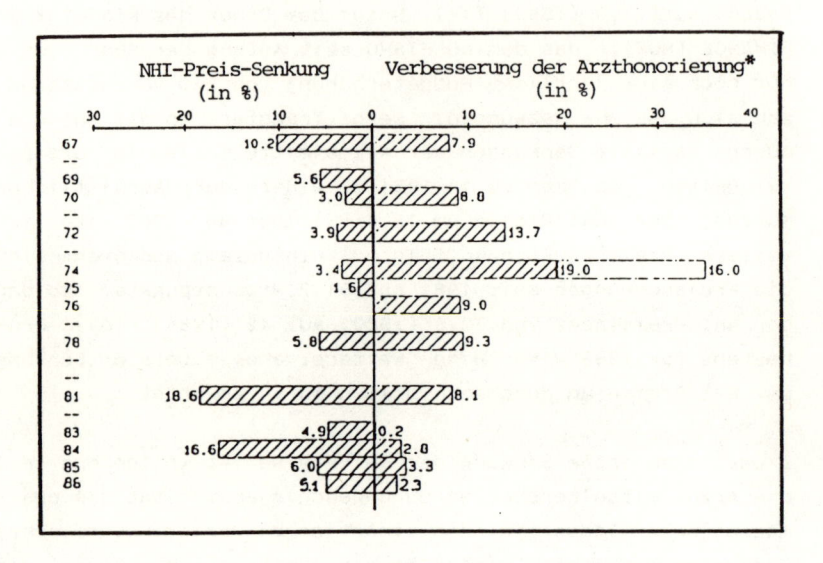

	NHI-Preis-Senkung (in %)	Verbesserung der Arzthonorierung* (in %)
67	10.2	7.9
69	5.6	
70	3.0	8.0
72	3.9	13.7
74	3.4	19.0 ---- 16.0
75	1.6	
76		9.0
78	5.8	9.3
81	18.6	8.1
83	4.9	0.2
84	16.6	2.0
85	6.0	3.3
86	5.1	2.3

* Zunahme der Gesundheitskosten in vH durch Verbesserung der ärztlichen Leistungshonorierung.

Quelle: MINISTRY OF HEALTH AND WELFARE (MHW).

3. KOSTENDÄMPFUNG UND INNOVATIONSFÖRDERUNG DURCH STAATLICHE PREISADMINISTRATION IM JAPANISCHEN PHARMAMARKT

3.1. Strukturelle Rahmenbedingungen und Entwicklung des Arzneimittelmarktes

Der japanische Pharmamarkt hatte 1985 ein zu NHI-Preisen gerechnetes Volumen von rd. 4.800 Mrd. Yen (ca. 62,4 Mrd. DM); davon entfielen auf den ethischen Markt ca. 4.000 Mrd. Yen und auf den nichtethischen 800 Mrd. Yen. Zu Herstellerabgabepreisen gerechnet, sind die Zahlen um etwa ein Drittel geringer (rd. 2.640 bzw. 528 Mrd. Yen). Dieser Umsatz wird zu etwa 83 vH durch die Verschreibungs- und Abgabepraxis der Krankenhäuser und der niedergelassenen Ärzte abgewickelt; die restlichen 16 vH des Marktvolumens setzen die Apotheken und Drogerien im wesentlichen im OTC-Geschäft mit den Patienten um. Die Krankenhäuser, niedergelassenen Ärzte, Apotheken und Drogerien erhalten die Medikamente zu 86,5 vH durch die Großhändler, die ihrerseits von den etwa 1.700 Pharmaherstellern beliefert werden. Nur 5,2 vH der Medikamente werden von der Pharmaindustrie direkt an Krankenhäuser und frei praktizierende Ärzte geliefert, während die Apotheken und Drogerien knapp die Hälfte ihres - freilich insgesamt geringen - Umsatzes aus dem Direktbezug von Medikamenten bei den Herstellern erzielen (*Übersicht 2*). Dabei ist die internationale Import-Export-Verflechtung des japanischen Pharmamarktes noch relativ gering: Knapp 8 vH des Marktvolumens werden importiert, während nur ganze 3 vH der heimischen Pharmaproduktion in den Export gehen. Nimmt man jedoch die von japanischen Firmen in Lizenz hergestellten sowie die von ausländischen Töchtern in Japan produzierten Arzneimittel hinzu, besteht der ethische Markt immerhin zu 40 vH aus sogenannten *foreign origin products*.

Während sich der japanische Pharmamarkt noch in den 70er Jahren stürmisch entwickeln konnte, ist er seit Anfang der 80er Jahre durch die Kostendämpfungspolitik des MHW an politisch enger gezogene Grenzen gestoßen. So nahm im Zeitraum von 1970-80 das Marktvolumen für ethische Präparate jahresdurchschnittlich um 13 vH zu - von 1975-79 konnte es sogar mit 17,9 vH p.a. expandieren. Diese spektakulären jahresdurchschnittlichen Zuwachsraten in einem nahezu grenzenlos erscheinenden Markt wurden jedoch im Zeitraum von 1980-84 auf nur noch 4,4 vH p.a. zusammengepreßt - 1984 war der Gesamtumsatz sogar rückläufig und 1985 hat er praktisch stagniert (*Abbildung 8; Tabelle 2*). Diese Entwicklung ist ein-

Abbildung 8: Umsatzentwicklung des japanischen Marktes für ethische Präparate, 1975-89

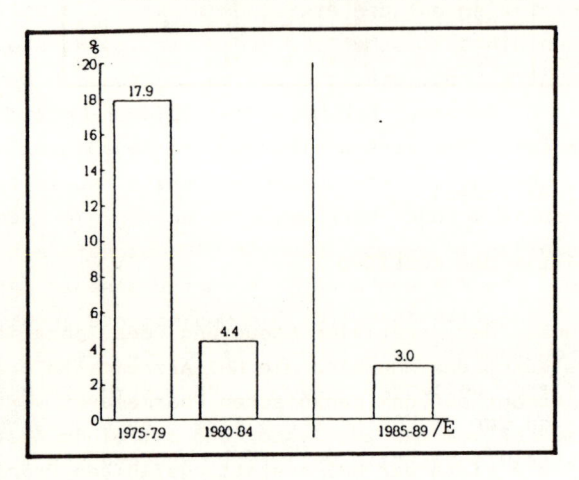

Quelle: YAMANOUCHI (1985).

deutig auf die forcierten Reduktionen der NHI-Preise durch das MHW zurückzuführen. Dennoch nehmen die abgesetzten Mengen nach wie vor rapide zu: Von 1980-85 sind sie um insgesamt 90 vH gestiegen, was einer jahresdurchschnittlichen Wachstumsrate von 13,7 vH entspricht (*Tabelle 2*). Da im selben Zeitraum die Pharmaumsätze insgesamt nur um 26 vH gestiegen sind, muß die Preisadministration des MHW zwangsläufig tiefe Spuren im Geschäftsergebnis der Arzneimittelhersteller hinterlassen haben (*Tabelle 3*).

Diese Entwicklung des Gesamtmarktes schlägt sich selbstverständlich nicht in allen Sparten und auch nicht in allen Spezifikationen gleichmäßig nieder. Unterschiede bestehen insbesondere zwischen relativ neu auf dem Markt befindlichen und alten Produkten sowie zwischen solchen Medikamenten, die überwiegend in stationärer und solche, die überwiegend bei ambulanter Behandlung Verwendung finden.

Tabelle 3: Geschäftsentwicklung der japanischen Arzneimittelhersteller, 1978-87

Ende des Fiskaljahres	Umsatz Mrd.Yen	%	Laufende Erträge Mrd.Yen	%	Reingewinn Mrd.Yen	%	Umsatzrendite %
März 1978	1,086.2	12	124.3	23	50.2	14	11.4
März 1979	1,211.9	12	163.5	32	67.5	34	13.5
März 1980	1,365.0	13	192.4	18	78.9	17	14.1
März 1981	1,490.1	9	202.5	5	83.5	6	13.6
März 1982	1,611.1	8	205.3	1	81.1	-3	12.7
März 1983	1,741.7	8	217.7	6	83.4	3	12.5
März 1984	1,779.5	2	207.6	-5	83.8	0	11.7
März 1985	1,786.1	0	188.1	-9	68.3	-18	10.5
März 1986	1,812.5	1	196.0	4	76.8	12	10.8
März 1987/E	1,896.2	5	206.4	5	75.1	-2	10.9

E:= geschätzt.

Quelle: YAMAICHI (1986).

3.2. Preispolitik des KOSEISHO

Der Ansatzpunkt der pretialen Steuerung des japanischen Pharmamarktes durch das MHW sind die NHI-Arzneimittelpreise. Soll ein Medikament auf dem japanischen Pharmamarkt vertrieben werden, muß es vom MHW zugelassen und mit einem bestimmten Preis auf die Liste der NHI-erstattungsfähigen Präparate gesetzt worden sein. Der NHI-Preis ist für den verschreibenden und abgebenden Leistungserbringer absolut verbindlich und wird von den Krankenversicherungsträgern erstattet. Indem nun das KOSEISHO die NHI-Preise in mehr oder weniger regelmäßigen Abständen revidiert und in der Regel herabsetzt, tritt eine Kostenentlastung bei der NHI ein. Diese Kostenentlastung ist jedoch nicht das einzige Ziel dieser Preispolitik. Das MHW verfolgt vielmehr damit zugleich die bewußte Förderung von Produktinnovationen im japanischen Pharmamarkt - unabhängig davon, ob sie von in- oder ausländischen Anbietern kommen. Darüber hinaus wird das Instrument der Preisreduktionen bewußt eingesetzt, um japanische Firmen verstärkt in den Export zu zwingen. Worin besteht die Methode, derartig komplexe und erst langfristig wirksame Effekte hervorzubringen?

Technik der Preisrevisionen

Das MHW führt i.d.R. alle drei Jahre eine generelle Revision der NHI-Preise durch. Im Ergebnis waren die daraus resultierenden Preisreduktionen jeweils recht unterschiedlich (1975: 1,6 vH; 1978: 5,8 vH; 1981: 18,6 vH; 1984: 16,6 vH; *Abbildung 6 und 7*). In den Jahren dazwischen fanden jeweils Preisrevisionen für einzelne Medikamentengruppen statt, so daß im Prinzip bestimmte Medikamente durchaus auch jährlich von einer Preisreduktion betroffen sein können. Zu diesem Zweck untersucht das MHW jeweils einige Monate vorher die Abgabepreise der Arzneimittelhersteller und -händler. Es läßt sich dazu die Magnetbänder der Großhändler mit den gespeicherten Verkaufszahlen, Abgabepreisen und Rabatten geben. So gewinnt das MHW über einen bestimmten Zeitraum von z.B. einem Monat einen kompletten Überblick über den Umsatz und die Konditionen des gesamten Pharmamarktes bis hin zum Absatz einzelner Medikamente. Aus diesen Daten wird für jedes einzelne Präparat der im Umsatz mit den Kliniken und den niedergelassenen Ärzten auf den NHI-Preis gewährte Rabattsatz - genauer: der sogenannte *90%-bulk-line-Preis* - errechnet. Der 90%-bulk-line-Preis ist jener Abgabepreis des Herstellers, bei dem er 90 vH des Gesamtumsatzes mit dem betreffenden Medikament erreicht.

Das MHW vergleicht den so errechneten 90%-bulk-line-Preis mit dem bestehenden NHI-Preis und verfügt hiernach gegebenenfalls eine Preisanpassung, die sich im Prinzip nach der Höhe der festgestellten Preisdifferenz richtet:

- Beträgt die Differenz zwischen NHI- und 90%-bulk-line-Preis weniger als 10 vH des NHI-Preises, was vor allem bei konkurrenzlosen Originalpräparaten der Fall sein kann, wird der NHI-Preis normalerweise nicht gesenkt.

- Liegt die festgestellte Preisdifferenz in einem mittleren Bereich - etwa zwischen 10-20 vH des NHI-Preises -, so wendet das MHW i.d.R. die sogenannte 90%-bulk line an, d.h. der NHI-Preis wird in Höhe des deutlich niedrigeren 90%-bulk-line-Preises festgesetzt.

- Gehen die Preisdifferenzen über 20 vH des NHI-Preises hinaus, kann auf die erste 90%-bulk line eine zweite aufgesetzt werden, so daß der NHI-Preis auf das Niveau des 81%-bulk-line-Preises - gegebenenfalls sogar noch tiefer - gesenkt wird.

Hat z.B. ein Pharmahersteller sein Medikament, für das ein NHI-Preis von 5.300 Yen festgesetzt war, zu Preisen an den Großhandel abgegeben, die je nach Wettbewerbssituation bis auf 3.400 Yen heruntergehen, so kann das MHW aus den Computer-Daten eine kumulierte Absatzkurve errechnen (*Abbildung 9*): Sie gibt an, bei welchem Preis 90 vH des Gesamtumsatzes mit dem betreffenden Medikament im Referenzzeitraum getätigt wurden; dieser Preis - im vorliegenden Fall: 4.980 Yen, was einer Preissenkung von 6 vH entspräche - wird dann gegebenenfalls als neuer NHI-Preis festgesetzt. In derselben Weise wird bei der 81%-bulk line verfahren sowie bei allen weiteren Abstufungen, sofern die festgestellten tatsächlichen Rabatte noch höher lagen.

Diese Methode hat zur Folge, daß Arzneimittel, die "stark" im Markt liegen, weil sie eine monopolartige Stellung haben oder von den Leistungserbringern präferiert werden, nur geringe Rabatte aufweisen und folglich auch keine oder nur geringe NHI-Preis-Senkungen in Kauf zu nehmen brauchen. Andererseits müssen Medikamente, die unter starkem Wettbewerbsdruck stehen, weil der Markt mit ähnlichen Originalpräparaten oder mit Generika überflutet ist, mit einer entsprechend höheren Senkung des NHI-Preises rechnen, weil der Pharmaproduzent seine Marktposition in solchen Fällen nur über den Rabatt beim verschreibenden Arzt behaupten kann.

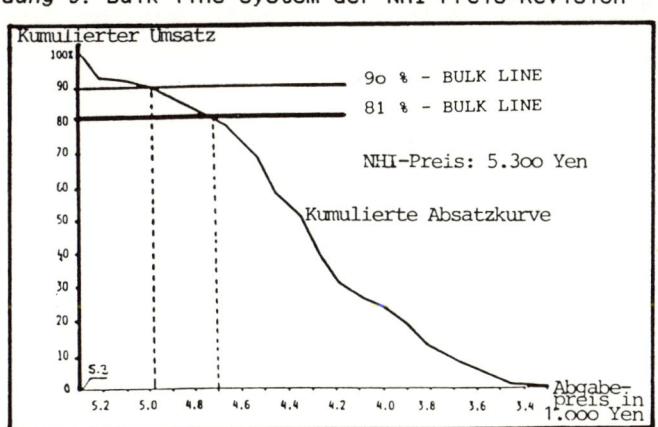

Abbildung 9: Bulk-line-System der NHI-Preis-Revision

Quelle: HOECHST JAPAN (1983).

So unabweisbar der Innovationsdruck ist, der von dieser Preisadministration ausgeht, so ambivalent sind in der Beurteilung der in- und ausländischen Pharmaindustrie ihre technische Durchführung, die mangelnde Transparenz des Verfahrens sowie die entstehenden NHI-Preis-Differenzen zwischen jeweils konkurrierenden Präparaten (s. Abschnitt 4.3.). Die FEDERATION OF PHARMACEUTICAL MANUFACTURERS ASSOCIATIONS OF JAPAN (FPMAJ); NICHIYAKUREN) hat deshalb im Frühjahr 1986 eine Reform des Verfahrens der NHI-Preis-Revisionen vorgeschlagen, dessen Kern die Forderung nach generellen NHI-Preis-Revisionen im regelmäßigen Abstand von zwei Jahren sowie die verbindliche Anerkennung eines nach Arzneimittelklassen differenzierten "Normalrabatts" (*Reasonable Zone; R-Zone*) auf den NHI-Preis ist: Hersteller, die die R-Zone bei der Rabattierung nicht überschreiten ("fair marketing"), blieben hiernach von Preissenkungen durch das MHW verschont. Dieser Vorschlag wurde vom CENTRAL SOCIAL INSURANCE MEDICAL COUNCIL (CSIMC CHUIKYO), einem Beirat des MHW, eingehend geprüft und inzwischen vom MHW angenommen. Dies ist der eigentliche Grund, warum die an sich in 1987 fällige NHI-Preis-Revision voraussichtlich auf April 1988 verschoben wird.

Ergebnisse der Preisrevisionen

Die "Philosophie", die hinter einer derart ungewöhnlichen Preispolitik steht, läßt sich wie folgt umreißen: Wer sich als Arzneimittelhersteller mit seinem Medikament ohne größere Rabatte am Markt durchsetzen kann, ist offensichtlich der bessere Anbieter und soll dafür mit einem konstanten bzw. nur wenig gesenkten NHI-Preis "belohnt" werden. Umgekehrt wird es offensichtlich nicht als "fair" gegenüber den Kassen angesehen, wenn Pharmaproduzenten auf den NHI-Preis vielleicht 40 vH oder mehr Rabatt gewähren ("unfair marketing"). Insofern stellt die Preispolitik des MHW eine ziemlich raffinierte Korrektur der durch Einkommensanreize ausgelösten Verschreibungspraxis der Ärzte dar. Jedenfalls führt sie durchaus im Zeitablauf auch zu recht unterschiedlichen Preisen für gleichartige Medikamente:

- Die von den Firmen SCHERING und HOFFMANN-LA ROCHE gemeinsam entwickelten, identischen Produkte *Nerisona* und *Texmeten* hatten ursprünglich den gleichen NHI-Preis. Die letzte Preisrevision des MHW brachte für *Texmeten* eine Senkung des NHI-Preises um 14 vH, für *Nerisona* dagegen nur um 9 vH. Der Grund lag in den höheren Rabatten, die ROCHE am Markt gewährt hatte.

- Ähnliches gilt auch im Fall der Generika, die regelmäßig über die Höhe des Rabatts bei den Leistungserbringern "gepuscht" werden müssen. So bekam z.B. das Präparat *Adalat* von BAYER 1981 massive Konkurrenz durch die Zulassung von zunächst 19 - und später noch einmal 7 - verschiedener Generika, die sämtlich zum gleichen NHI-Preis gelistet wurden wie das Originalpräparat. Zwischenzeitlich wurde der NHI-Preis zwar für alle Konkurrenten stufenweise abgesenkt, die meisten Generika liegen jedoch aufgrund der von ihren Herstellern betriebenen Rabatt-Politik um über 25 vH unter dem zur Zeit gültigen NHI-Preis für *Adalat*.

Daraus wird klar ersichtlich, daß das System der staatlichen Preisadministration im japanischen Pharmamarkt nicht nur jene Produkte durch starke Preisreduktionen trifft, die "alt", d.h. schon lange auf dem Markt sind, sondern gerade auch jene, die - wie die Me-toos - zu den "alten" Präparaten in einen intensiven Imitationswettbewerb eintreten. Die wiederholten Preisreduktionen, deren Ausmaß überdies von der jeweiligen Budgetsituation des Staates abzuhängen scheint, halten jedoch auch die Einkommensansprüche der Leistungserbringer in Grenzen. Gerade die drastischen NHI-Preis-Kürzungen der letzten Jahre sind nicht vollständig auf die Pharmaindustrie durchgeschlagen, sondern haben zumindest teilweise auch die *doctor margin* - wie die *dealer margin* - reduziert. Dies hat - in Verbindung mit der Verringerung der von den Kliniken ambulant behandelten Patienten - bereits dazu geführt, daß eine Reihe von Krankenhäusern mit Verlust arbeiten und einige bereits in Konkurs gingen. Die Reaktion mancher Krankenhäuser geht inzwischen allerdings dahin, von den Pharmaproduzenten ganz unverhohlen "Spenden" zu fordern. Dabei richtet sich die Spenden-Forderung nach der Höhe des

Umsatzes, die das betreffende Krankenhaus mit den Medikamenten eines Pharmaherstellers bisher getätigt hat. Sollte diese Praxis um sich greifen, würde dies letztlich ein Unterlaufen der Preisrevisionen des NHI bedeuten.

Weit bedeutsamer noch für die künftige Entwicklung der Pharmaindustrie in Japan dürfte sein, daß durch die ständigen NHI-Preissenkungen, die zum überwiegenden Teil auf die Arzneimittelhersteller durchschlagen, der Absatz "alter" Produkte zunehmend unrentabler wird; zumindest erbringen diese Präparate einen immer geringeren Kostenbeitrag zur Deckung der ursprünglich angelaufenen F+E-Kosten. Hieraus resultiert ein enormer Druck auf die Hersteller, mit "neuen" Produkten auf den Markt zu kommen. Dies können bei japanischen Herstellern nur Neuentwicklungen oder Lizenzprodukte sein; ausländische Anbieter können hingegen auch ihre international bereits eingeführten Präparate auf den japanischen Markt bringen, wovon Me-toos freilich de facto ausgeschlossen sind. Langfristig gesehen wird sich jedenfalls die Preispolitik des MHW als ausgesprochen innovationsfördernd für alle in Japan tätigen Pharmaunternehmen auswirken; denn es dürfte auf Dauer kein Anbieter im japanischen Pharmamarkt überleben können, der nicht über eine hinreichende Rate von Produktinnovationen verfügt.

Die Tragweite dieses Aspektes läßt sich aber erst dann richtig abschätzen, wenn man zugleich die Zulassungspraxis des MHW für innovatorische Pharmaka einerseits und die Generika andererseits sowie die damit eng verbundene Preisfestsetzung betrachtet; denn sie sind praktisch das "Zuckerbrot", das die "Peitsche" der Preisreduktionen für die etablierte Produktpalette überhaupt erst erträglich macht - ja darüber hinaus die in Japan tätige Pharmaindustrie auf Dauer gesehen zu einem ernst zu nehmenden Konkurrenten auf dem Weltmarkt machen wird.

3.3. Zulassungspraxis und Imitationsschutz bei neuen Arzneimitteln

Zulassungsvoraussetzungen

Bevor ein neues Medikament zur Zulassung beantragt werden kann, müssen auch in Japan die üblichen vorklinischen und klinischen Entwicklungsstufen durchlaufen werden. Aufgrund der Mentalität der Japaner muß dabei mehr Aufwand getrieben werden als anderswo. Dies betrifft v.a. die verschiedenen Phasen der klinischen Tests, während die Prüfung der akuten und chronischen Toxizität eines Wirkstoffs im Tierversuch inzwischen nach international einheitlichen Richtlinien (*guidelines*) erfolgt und das MHW insoweit auch vorklinische Daten aus dem Ausland akzeptiert, so daß die in früheren Jahren übliche Doppelarbeit vermieden wird:

- In der *Phase I* der klinischen Tests muß das Medikament wegen der möglichen Unterschiede in der Absorption, der Verteilung im Körper, des Metabolismus und der Ausscheidung eines Wirkstoffs (*Absorption, Distribution, Metabolism, Excretion; ADME*) zwingend auf seine Toleranz hin am gesunden Japaner getestet werden. Medikamente, die im Ausland entwickelt wurden und sich bewährt haben, müssen also insoweit in Japan nochmals klinisch getestet werden.

- Dasselbe gilt im Prinzip für die *Phase II* der klinischen Tests, die im wesentlichen der Dosisfindung dient; auch hier muß selbst bei international bewährten Präparaten aus Gründen der möglicherweise unterschiedlichen Toleranz (ADME-Problem) der Test an Japanern nachgeholt werden.

- Die *Phase III* der klinischen Tests dient dem Nachweis der relativen Wirksamkeit des Medikaments im Vergleich zu einem marktführenden Präparat in Form von Doppelblindstudien (DBS). Gerade diese Phase, die auch sämtliche im Ausland bereits bewährten Medikamente zu durchlaufen haben, hat in Japan aber nicht nur die Funktion, die Sicherheit und Nützlichkeit bzw. Überlegenheit einer Pharmainnovation nachzuweisen, sondern dient auch dem MHW als

Grundlage für die Festsetzung des NHI-Preises (s. Abschnitt 3.5.).

Hat das Medikament schließlich alle Entwicklungsstufen durchlaufen, kann der Hersteller beim MHW die Zulassung zum Registrierungsverfahren (*New Drug Approval; NDA*) beantragen. Die Zulassung zum NDA-Verfahren ist ein erster, entscheidender Schritt, um auf die Liste der NHI-erstattungsfähigen Präparate zu kommen und einen NHI-Preis zu erhalten; denn ein ethisches Produkt ohne NHI-Preis hat in Japan praktisch keine Marktchance. Das NDA-Verfahren selbst hat verschiedene Stufen (*Übersicht 3*), von denen die Anhörungen vor Vertretern des KOSEISHO sowie die materielle Prüfung durch einen aus externen Experten bestehenden Zulassungsausschuß (NEW DRUG INVESTIGATIONAL SCREENING COMMITTEE; CHOSAKAI) die wichtigsten sind. Während in der Bundesrepublik Deutschland die Zulassungsprüfung neuer Medikamente durch das BUNDESGESUNDHEITSAMT (BGA) etwa 1 Jahr dauert, ist in Japan mit 1 1/2 bis 2 Jahren zu rechnen. Dabei wird das NDA-Verfahren immer dann angehalten, wenn das KOSEISHO Rückfragen beim Hersteller hat oder die Unterlagen noch ergänzt werden müssen.

Imitationsschutz

Wird das Medikament schließlich für den japanischen Markt zugelassen und wird ein NHI-Preis erteilt, besteht ein relativ starker Imitationsschutz für 6 Jahre, vom Zeitpunkt der Registrierung an gerechnet (*grace period; priority period*): Hierdurch wird dem neuen Arzneimittel praktisch eine Monopolstellung auf dem japanischen Markt für eine befristete Zeit verschafft – und zwar unabhängig von der Laufzeit des Patentschutzes der im Medikament enthaltenen Wirksubstanz.

Wie praktisch weltweit, sind neue Wirksubstanzen auch in Japan patentrechtlich geschützt. Wird eine solche Substanz angemeldet, dauert es relativ lang, bis ein Patent erteilt wird: Von der Einreichung über Offenlegung, Prüfungsantrag und Prüfung bis zur Bekanntgabe vergehen üblicherweise 4-5 Jahre; erst mit der Publikation gilt das Patent als erteilt. Die Patentlaufzeit beträgt grundsätzlich 20 Jahre vom

Zeitpunkt der Anmeldung an gerechnet. Sollte sich die Frist bis zur Zuteilung des Patents deutlich über 5 Jahre verlängern, gilt eine Patentlaufzeit von 15 Jahren ab dem Zeitpunkt seiner Veröffentlichung. Von 1988 an kann die Patentlaufzeit sogar um bis zu 5 Jahre - d.h. auf insgesamt 25 bzw. 20 Jahre - ausgedehnt werden, falls zwischen der Registrierung des Patents und der Marktzulassung des Präparats (NHI-Preis-Listung) mehr als 2 Jahre vergangen sind (*Patent Restoration Act* vom Mai 1987).

Völlig unabhängig davon ist jedoch die oben genannte Regel, nach der ein fertiges Produkt nach seiner Markteinführung einen Imitationsschutz über 6 Jahre hinweg genießt - gleichgültig, ob das Patent für den Wirkstoff noch läuft oder schon abgelaufen ist. Die Sechsjahresfrist kann sich sogar um weitere 4 Jahre verlängern, falls für das Präparat zwischenzeitlich noch ein neues Anwendungsgebiet entdeckt und zweifelsfrei nachgewiesen sowie ein entsprechender Antrag gestellt wird.

Übersicht 3: Zulassungsverfahren für neue Medikamente in Japan

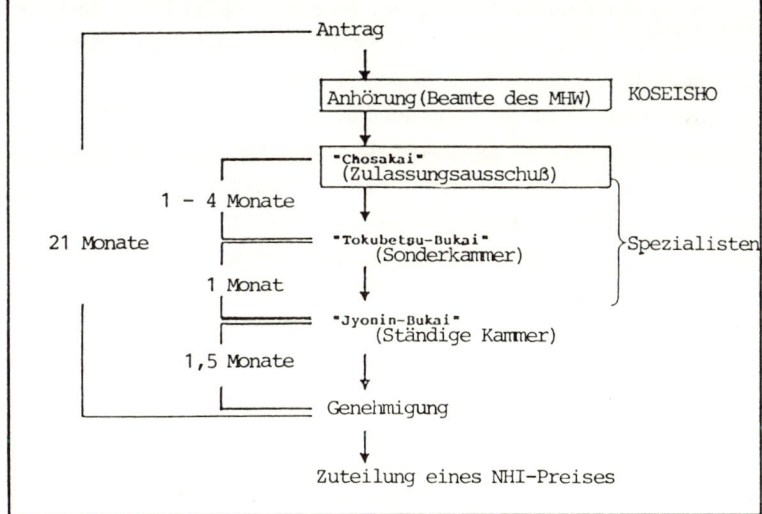

```
                      ┌──── Antrag
                      │        ↓
                      │  ┌─────────────────────────┐
                      │  │ Anhörung(Beamte des MHW)│   KOSEISHO
                      │  └─────────────────────────┘
                      │        ↓
                      │  ┌──────────────────┐  ┐
                      │  │   "Chosakai"     │  │
                      │  │ (Zulassungsausschuß) │ │
              ┌──── 1 - 4 Monate             │
              │       │        ↓             │
  21 Monate   │       │  "Tokubetsu-Bukai"   ├ Spezialisten
              │       │   (Sonderkammer)     │
              │    1 Monat     ↓             │
              │       │  "Jyonin-Bukai"      │
              │       │  (Ständige Kammer)   │
              │    1,5 Monate  ↓             ┘
              └───────────── Genehmigung
                              ↓
                    Zuteilung eines NHI-Preises
```

Quelle: HOECHST JAPAN (1984).

Das temporäre Monopol, das das MHW den Innovatoren im japanischen Pharmamarkt für ihr neues Präparat gewährt, wird wie folgt begründet: Es handele sich hierbei um die letzte Stufe der Produktentwicklung (*Innovationsprocessing*), bei der es um die sogenannte *Post Marketing Surveillance (PMS)* geht: Der Hersteller des neuen Medikaments muß nämlich dem MHW spätestens nach Ablauf der 6-jährigen *grace period*, üblicherweise aber schon innerhalb von 3 Jahren nach der Zulassung nachweisen, welche Nebenwirkungsrate bei etwa 10.000 mit dem Medikament behandelten Patienten auftritt, wobei die Zahl der nachzuweisenden Behandlungsfälle im Einzelfall von der Indikation und dem Marktvolumen des Medikaments abhängt. Hierzu soll der Hersteller künftig seine Daten auf Computertapes speichern und sie dem MHW aufbereitet zugänglich machen. Auch in dieser geplanten Regelung zeigt sich einmal mehr, daß das MHW selbst in Randgebieten der Pharmaforschung - wie bei der Computerisierung der Datenaufbereitung - einen Innovationsdruck auf die Herstellerfirmen ausübt.

Während der 6-jährigen Laufzeit des Imitationsschutzes sind bisher auch die neuen Produkte nicht von der NHI-Preis-Revision ausgenommen. Es ist deshalb durchaus möglich, daß schon nach einigen Monaten der ursprünglich zugeteilte NHI-Preis deutlich herabgesetzt wird, sofern das Medikament durch eine entsprechend hohe Rabattierung aufgefallen ist oder das zur NHI-Preis-Festsetzung herangezogene Referenzprodukt (s. Abschnitt 3.5.) in der Zeit unmittelbar vor oder nach der Zulassung des neuen Medikaments eine Preisanpassung erfuhr. Es ist eine der Forderungen der USA im Rahmen der mit Japan geführten MOSS-Verhandlungen (*Market-Oriented, Sector-Selective (MOSS) Talks*), Innovationen auf dem Pharmamarkt innerhalb der 6-jährigen Schutzfrist generell von der NHI-Preis-Revision auszunehmen.

Zusammenfassend läßt sich hinsichtlich des Innovationsprocessings auf dem japanischen Arzneimittelmarkt sagen, daß die Zulassung neuer Medikamente relativ zügig erfolgt und zu einem beachtlichen wirtschaftlich nutzbaren temporären Monopol des Innovators für sein Medikament führt. Präparate, die im Ausland entwickelt wurden und sich dort bereits bewährt haben, müssen allerdings größtenteils die klinischen Testprozeduren erneut über sich ergehen lassen. Damit werden sie auf dem japanischen Markt nicht schlechter gestellt als japanische Innovationen, haben aber auch keine Vorteile aus den außerhalb Japans gemachten Erfahrungen.

3.4. Zulassungspraxis bei Generika

Während in der Bundesrepublik Deutschland im Rahmen der Diskussion um die Kostendämpfung im Gesundheitswesen vielfach gefordert wird, den Wettbewerb auf dem Pharmamarkt durch verstärktes Ausweichen auf Reimporte und Generika zu beleben und in der Verschreibungs- bzw. Abgabepraxis von Ärzten und Apotheken diese "Billigarzneimittel" zu präferieren, wird in Japan genau der umgekehrte Weg beschritten. Die Auffassung des MHW scheint dahin zu gehen, daß Generika im Prinzip überflüssige Plagiate auf dem Pharmamarkt seien und im Interesse der Lenkung der Ressourcen auf pharmazeutische Innovationen möglichst vom Markt ferngehalten werden sollten. Dies kommt ganz deutlich in der Zulassungspraxis der Generika zum Ausdruck:

- Im Gegensatz zur Bundesrepublik Deutschland reicht es nicht aus, wenn die Me-too-Produzenten auf die Zulassungsunterlagen der Erstproduzenten verweisen; sie müssen nämlich ihrerseits die gleichen aufwendigen Prüfungen auf chemisch-physikalische Stabilität der Substanz und der Präparation nachweisen wie im Falle eines neu entwickelten Präparats. Darüber hinaus sind für die Substanz umfangreiche Teststandards aufzustellen. Außerdem sind die Anforderungen an die Bioäquivalenz mit dem Originalpräparat ziemlich hoch angesetzt; sie zu erfüllen, setzt erheblichen galenischen Entwicklungsaufwand voraus und erfordert überdies eine aufwendige Prüfung am Menschen auf der Grundlage eines ausgefeilten Biostatistikprogramms.

- Falls derartige Unterlagen komplett beigebracht werden können, erfolgt die Zulassung durch das MHW in einem Zeitraum von 18-24 Monaten; allerdings können die Me-toos erst dann am Markt abgesetzt werden, wenn ein NHI-Preis für sie festgesetzt ist. Diese *Preislistung* durch das MHW erfolgte bisher jedoch nur alle 3 Jahre; künftig soll die Frist auf Vorschlag des CHUIKYO auf 2 Jahre verkürzt werden - die innovativen Originalpräparate werden dagegen seit jeher vierteljährlich gelistet -, so daß die Generika-Hersteller mit der Markteinführung nach wie vor ungleich länger warten müssen. Die letzte Preislistung bei Me-toos erfolgte z.B. 1984 (*Abbildung 10*); die nächste wird frühestens für den Herbst 1987 erwartet.

Diese Zulassungspraxis macht deutlich, daß im Gegensatz zur Bundesrepublik Deutschland die Hersteller von Generika zumindest im Bereich der Pharmagalenik Forschung betreiben müssen, d.h. das Originalpräparat nicht kostenlos imitieren können. Außerdem verhindert das MHW durch den Dreijahresrhythmus der Preisfestsetzung für Me-toos, daß die Originalpräparate nach Ablauf der 6-jährigen Schutzfrist sofort mit Imitationen konfrontiert werden, falls der Patentschutz für die Wirksubstanz abgelaufen ist. Auch hieran zeigt sich einmal mehr, daß das MHW Pharmainnovationen zu fördern bereit ist, indem es die forschende Pharmaindustrie vor kostenlosen und zu raschen Imitationen schützt.

Abbildung 10: Zahl und Abfolge der Zulassungen von Originalpräparaten und Generika auf dem japanischen Pharmamarkt, 1976-86

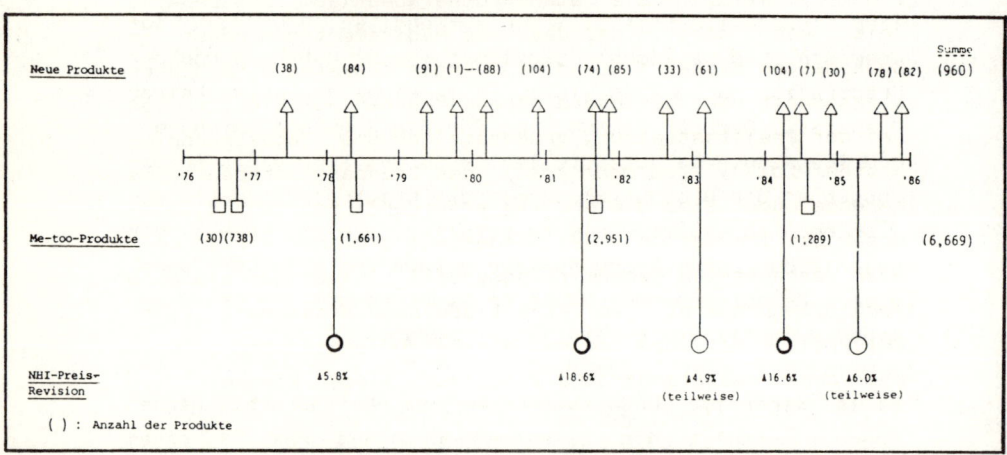

Quelle: MINISTRY OF HEALTH AND WELFARE (MHW).

3.5. Preisfestsetzung für Originalpräparate und Generika

Verfahrensweise bei Originalpräparaten

Die Absicht des KOSEISHO, pharmazeutische Innovationen durch seine Preispolitik zu fördern, wird schließlich auch deutlich in der Festsetzung der NHI-Preise für solche Medikamente, die als Originalpräparate neu auf den Markt kommen (*Übersicht 4*). Hierbei haben die Ergebnisse der *Phase III* der klinischen Tests ausschlaggebende Bedeutung (s. Abschnitt 3.3.): Zunächst geht es nämlich darum, durch die vorgeschriebenen Doppelblindstudien (DBS) festzustellen, ob das neue Präparat den bisher verwendeten Medikamenten medizinisch hinsichtlich der Wirkungen und Nebenwirkungen zumindest gleichwertig, möglichst aber überlegen ist. Die medizinische Gleichwertigkeit bzw. Überlegenheit eines neuen Therapeutikums vorausgesetzt, spielt für die Preisfestsetzung die wirtschaftliche Nützlichkeit, die durch einen Behandlungskostenvergleich festgestellt wird, eine entscheidende Rolle. Hierbei sind prinzipiell zwei Fälle denkbar.

- Existiert für die Indikation des neuen Präparats bereits ein eingeführtes und allgemein anerkanntes Medikament (*Standardtherapeutikum*), so ist die Innovation im DBS-Verfahren dagegen zu testen (bei allen Rheumatika wird z.B. *Indometazin* als Standardtherapeutikum angesehen). Zeigt sich dabei, daß das neue Medikament zumindest in Subaspekten besser ist, d.h. vergleichsweise eine höhere Wirksamkeit oder geringere Nebenwirkungen aufweist, werden bei der Preisfestsetzung grundsätzlich die Tagestherapiekosten (*daily treatment cost*) des Standardtherapeutikums herangezogen: Sind die pro Tag erforderlichen Behandlungsdosen der Innovation - bei mindestens gleicher Wirksamkeit oder verbessertem Nebenwirkungsprofil - niedriger als beim Vergleichspräparat, so erhält das neue Medikament einen NHI-Preis, mit dem seine Tagesbehandlungskosten 3-10 vH über denen des Standardtherapeutikums liegen können.

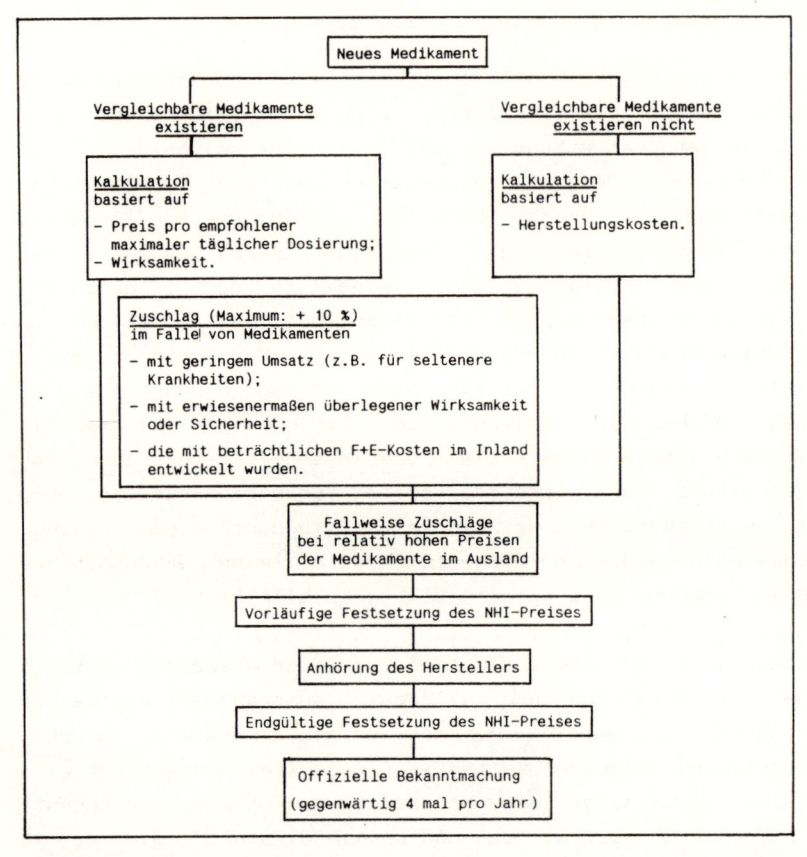

Übersicht 4: Verfahren der NHI-Preis-Festsetzung für
neue Medikamente

```
┌─────────────────────────────────────────────────────────────────┐
│                      ┌─────────────────┐                        │
│                      │ Neues Medikament│                        │
│                      └────────┬────────┘                        │
│              ┌────────────────┴────────────────┐                │
│   Vergleichbare Medikamente        Vergleichbare Medikamente    │
│         existieren                      existieren nicht        │
│   ┌──────────────────────┐         ┌──────────────────────┐     │
│   │ Kalkulation          │         │ Kalkulation          │     │
│   │ basiert auf          │         │ basiert auf          │     │
│   │ - Preis pro empfohlener│       │ - Herstellungskosten.│     │
│   │   maximaler täglicher│         │                      │     │
│   │   Dosierung;         │         └──────────────────────┘     │
│   │ - Wirksamkeit.       │                                      │
│   └──────────┬───────────┘                                      │
│   ┌──────────┴──────────────────────┐                           │
│   │ Zuschlag (Maximum: + 10 %)      │                           │
│   │ im Falle von Medikamenten       │                           │
│   │ - mit geringem Umsatz (z.B. für seltenere │                 │
│   │   Krankheiten);                 │                           │
│   │ - mit erwiesenermaßen überlegener Wirksamkeit │             │
│   │   oder Sicherheit;              │                           │
│   │ - die mit beträchtlichen F+E-Kosten im Inland │             │
│   │   entwickelt wurden.            │                           │
│   └──────────┬──────────────────────┘                           │
│        ┌─────┴──────────────────┐                               │
│        │ Fallweise Zuschläge    │                               │
│        │ bei relativ hohen Preisen│                             │
│        │ der Medikamente im Ausland│                            │
│        └─────────┬──────────────┘                               │
│        ┌─────────┴──────────────────┐                           │
│        │ Vorläufige Festsetzung des NHI-Preises │               │
│        └─────────┬──────────────────┘                           │
│        ┌─────────┴──────────────┐                               │
│        │ Anhörung des Herstellers│                              │
│        └─────────┬──────────────┘                               │
│        ┌─────────┴──────────────────┐                           │
│        │ Endgültige Festsetzung des NHI-Preises │               │
│        └─────────┬──────────────────┘                           │
│        ┌─────────┴──────────────────┐                           │
│        │ Offizielle Bekanntmachung  │                           │
│        │ (gegenwärtig 4 mal pro Jahr)│                          │
│        └────────────────────────────┘                           │
└─────────────────────────────────────────────────────────────────┘
```

Quelle: BAYER YAKUHIN (1986).

- Existiert für die Doppelblindstudien kein Standardtherapeutikum, kann der Hersteller gegen eine geeignete Referenzsubstanz seiner Wahl testen. Dabei wird er sich nach Möglichkeit für ein Vergleichspräparat mit relativ hohem NHI-Preis entscheiden, um bei der Markteinführung seiner Innovation durch das MHW entsprechend hoch gelistet zu werden. Fällt die medizinische und wirtschaftliche Überlegenheitsbeurteilung des neuen Medikaments positiv aus, so gewährt auch in diesem Fall das MHW einen NHI-Preis, der 3-10 vH über den Tagesbehandlungskosten der Referenzsubstanz liegen kann. Allerdings geht hierbei der Hersteller das Risiko ein, daß der ursprünglich hohe NHI-Preis des Referenzprodukts zwischenzeitlich deutlich nach unten korrigiert wurde; denn für das MHW ist stets der jeweils aktuelle NHI-Preis die Ausgangsbasis für die Preisfindung der Innovation.

Drückt man die Preisfixierung für den Regelfall eines neuen Medikaments (A), für das ein vergleichbares Therapeutikum (B) bereits besteht, in einer Formel aus, so ergibt sich:

(1.1) $\quad p_A = p_B + p_B \cdot z_I \quad$ mit $0 < z_I < 1 \quad$ bzw.

(1.2) $\quad p_A = p_B (1 + z_I)$,

wobei p_A der Preis des neuen Präparats, p_B der Preis der Referenzsubstanz zum Zeitpunkt der p_A-Ermittlung und z_I der vom MHW gewährte Innovationszuschlag bedeuten. Der Innovationszuschlag z_I ist aus der Sicht des MHW wiederum abhängig von der medizinischen und wirtschaftlich-therapeutischen Überlegenheit des neuen Medikaments, von der Art des darin verkörperten Fortschritts (z.B. bloße Galenik oder völlig neues Anwendungsgebiet bzw. Therapiekonzept) sowie unter Umständen auch von dem erforderlich gewesenen Forschungsaufwand in Relation zum voraussichtlichen Bedarf (wie z.B. bei *orphan drugs*).

Im Falle außerordentlich hoher F+E-Kosten erhalten japanische Unternehmen regelmäßig noch einen zusätzlichen "Innovationsbonus" z_J in Höhe von bis zu 3 vH des Preises p_B der Vergleichssubstanz, so daß für japanische Pharmainnovationen die Preisformel

(2.1) $\quad p_A = p_B + p_B \cdot z_I + p_B \cdot z_J \quad$ mit $0 < z_I, z_J < 1$

bzw.

(2.2) $\quad p_A = p_B (1 + z_I + z_J)$

gilt. Dieses Konzept wird vom MHW offen bekanntgegeben und damit begründet, daß die japanischen Hersteller im Vergleich zu ausländischen Anbietern höhere F+E-Kosten auf dem japanischen Markt haben - wie gezeigt, brauchen ausländische Pharmahersteller für ihre im Ausland bereits eingeführten Präparate "nur" die klinischen Tests an Japanern zu wiederholen, um in Japan zugelassen zu werden. Die praktische Anwendung dieses Konzepts ist allerdings kaum nachprüfbar, weil das KOSEISHO nicht offenlegt, nach welchen Kriterien die Zuschläge im Einzelfall festgelegt wurden. Immerhin ist hierin ein Versuch des MHW zu sehen, die japanische Pharmaforschung in besonderer Weise zu fördern.

Handelt es sich bei der Arzneimittelinnovation allerdings um ein gänzlich neues Anwendungsgebiet oder Behandlungskonzept (*break-through product*; wie in jüngerer Zeit z.B. die *Interferone*), für die es keine unmittelbar vergleichbaren Referenzsubstanzen gibt, ist die Preisfixierung des MHW relativ offen. Hierbei wird offensichtlich die generelle Nützlichkeit des neuen Medikaments im Sinne eines Therapiefortschritts bewertet; daneben gehen aber auch Behandlungskostenvergleiche in die Überlegungen ein, falls etwa die Medikamentierung bisher langwierige stationäre Behandlungen überflüssig macht. Sofern es sich um ein importiertes Medikament handelt oder Vergleiche mit ausländischen Arzneimitteln möglich sind, gehen auch die auf den Auslandsmärkten erzielten Preise in das Kalkül des KOSEISHO ein. Grundsätzlich werden jedoch Break-through-Präparate hinsichtlich der Preisfestsetzung äußerst großzügig behandelt, so daß der Hersteller von einem hohen Einführungspreis seiner Innovation ausgehen kann.

Verfahrensweise bei Generika

Im Gegensatz dazu werden die Me-too-Präparate ziemlich stiefmütterlich behandelt:

- Kommt es nach Ablauf des Patentschutzes für den Wirkstoff und der 6-jährigen *grace period* für das Originalpräparat erstmalig zur Zulassung von Generika, setzt das MHW für die Me-toos den gleichen Preis wie für das Original fest, falls nicht mehr als 19 Generika gleichzeitig angemeldet wurden.

- Liegt die Zahl der Anmeldungen bei 20 oder mehr Me-toos, gewährt das MHW von vornherein nur einen NHI-Preis in Höhe von 90 vH des Originalpräparats.

- Werden später noch weitere Generika angemeldet, bekommen sie jenen NHI-Preis zugeteilt, den das jeweils billigste auf dem Markt befindliche Me-too-Produkt hat.

- Auch die NHI-Preise der Generika unterliegen den regelmäßigen Preisrevisionen des MHW (*Abbildung 10*). Da Generika zudem nur nach Handelsnamen zugelassen werden (*branded generics*), wird hierdurch die marktliche Substitution der Originalpräparate ziemlich erschwert.

Insgesamt läßt sich somit feststellen, daß das MHW nicht zuletzt durch seine honorige Festsetzung der NHI-Preise für neue Medikamente die Bemühungen der Pharmaindustrie um Innovationen belohnt. Besonders bei Break-through-Präparaten kann der Preiszuschlag zu dem im weitesten Sinne vergleichbaren Therapeutikum durchaus einige hundert Prozent betragen. Dagegen werden die Generika einmal mehr zurückhaltend behandelt, um sie letztlich weitgehend vom Markt fernzuhalten.

4. GLEICHBEHANDLUNG ODER DISKRIMINIERUNG AUSLÄNDISCHER ANBIETER AUF DEM JAPANISCHEN PHARMAMARKT?

Die Frage, ob ausländische Anbieter auf dem japanischen Pharmamarkt in irgendeiner Weise diskriminiert werden, um die japanische Pharmaindustrie vor lästiger Importkonkurrenz zu schützen, ist ebenso oft gestellt wie schwierig zu beantworten. Es entspricht vollauf der Struktur der japanischen Gesellschaft im allgemeinen wie dem vielschichtigen Zusammenwirken von Regierung und Privatwirtschaft im besonderen, wenn die gegebenenfalls vorhandenen Diskriminierungen nicht offen zutage treten, sondern sich allenfalls an subtilen und eher diffusen Sachverhalten festmachen lassen.

4.1. Zutrittsschranken für ausländische Arzneimittelanbieter

Japan hat sich mit einem Weltmarktanteil von 24 vH (1985) hinter den USA (34 vH) und vor der Bundesrepublik Deutschland (10 vH) zum zweitgrößten Pharmamarkt der Welt entwickelt. Kaum ein Arzneimittelhersteller von Rang kann es sich deshalb leisten, dem japanischen Markt fernzubleiben. Die Großen der Branche haben sich denn auch spätestens seit Anfang der 70er Jahre fest in Japan etabliert, reichen aber weder nach dem Umsatz noch nach der Belegschaft auch nur annähernd an die einheimischen Marktführer heran - CIBA-GEIGY, der mit Abstand größte europäische Arzneimittelhersteller auf dem japanischen Markt, bringt es gerade auf 28 vH des NHI-Umsatzes des umsatzstärksten Japaners (SHIONOGI) und einen Marktanteil von 1,7 vH (SHIONOGI: 6,1 vH); und HOECHST, der größte deutsche Pharmarepräsentant in Japan, liegt mit 1,1 vH Marktanteil erst an 29. Stelle der Rangliste (*Tabelle 4*). Während die 5 größten japanischen Arzneimittelhersteller durchschnittlich annähernd 6.500 Arbeitnehmer beschäftigen, bringen es die ausländischen Anbieter im Durchschnitt nur auf gut 600 Beschäftigte, wobei HOECHST mit 1.700 Beschäftigten der mit Abstand größte ausländische Arbeitgeber der japanischen Pharmabranche ist.

Nahezu alle in Japan präsenten ausländischen Arzneimittelhersteller sind zunächst über *joint ventures* in den Markt eingestiegen, haben sich dann aber häufig von ihren japanischen Partnern getrennt, zumindest aber eine Mehrheitsbeteiligung geschaffen. Dennoch wird der Vertrieb von jedem zweiten ausländischen Anbieter über japanische Pharmaunternehmen abgewickelt, ohne damit jedoch die *sales promotion* aus der Hand zu geben. Während die meisten ausländischen Pharmatöchter bereits über eigene Produktionsstätten vor Ort verfügen, betreibt erst jede dritte auch selbständig Forschung (*Tabelle 5*). Insgesamt gesehen hat sich gerade in den letzten Jahren der Trend verstärkt, durch eigene Forschung, Produktion und Vertriebswege noch stärker als bisher im japanischen Pharmamarkt Fuß zu fassen.

Tabelle 4: Die führenden Anbieter auf dem japanischen Pharmamarkt, 1985

Rang-folge	Unternehmen	Zahl der Vertreter	Anteil des Absatzes bei Kranken-häusern (%)	Ärzten (%)	Jahresumsatz/1985 (Mrd.Yen)	Markt-anteil (%)	Verän-derung (+-%)	Pro-Kopf-Umsatz (Mio.Yen)
	Gesamter Pharmamarkt (incl. OTC)	Ca. 32,000	42	58	4,399.6	100	5.8	137
1	Shionogi Co., Ltd.	1,350	43	57	268.1	6.1	7.9	199
2	Takeda Chemical Industries Ltd.	1,350	51	49	227.8	5.2	9.8	169
3	Sankyo Co., Ltd.	1,000	52	48	200.4	4.6	8.7	200
4	Eisai Co., Ltd.	900	41	59	164.0	3.7	6.9	182
5	Fujisawa Pharmaceutical Co., Ltd.	1,200	49	51	159.2	3.6	2.9	133
6	Daiichi Seiyaku Co., Ltd.	750	42	58	129.9	3.0	21.5	173
7	Yamanouchi Pharmaceutial Co., Ltd.	920	39	61	123.1	2.8	5.4	134
8	Otsuka Pharmaceutical Co., Ltd.	750	56	44	120.4	2.7	4.3	161
9	Tanabe Seiyaku Co., Ltd.	850	36	64	109.2	2.5	-4.8	128
10	The Green Cross Corporation	620	67	33	105.4	2.4	-5.2	170
11	Kyowa Hakko Kogyo Co., Ltd.	700	44	56	100.3	2.3	8.3	143
12	Chugai Pharmaceutical Co., Ltd.	800	56	44	98.9	2.3	6.4	124
13	Taiho Pharmaceutical Co., Ltd.	550	62	38	87.6	2.0	18.3	159
14	Banyu Pharmaceutical Co., Ltd./Merck	900	37	63	78.6	1.8	-8.1	87
15	Pfizer Taito Co., Ltd.	1,000	40	60	76.4	1.7	-0.9	76
16	Ciba-Geigy (Japan) Ltd.	700	37	63	75.8	1.7	13.9	108
17	Meiji Seika Kaisha, Ltd.	750	42	58	70.9	1.6	3.0	95
18	Tsumura Juntendo, Inc.	450	26	74	61.6	1.4	11.2	137
19	Yoshitomi Pharmaceutical Co., Ltd.	550	31	69	60.5	1.4	-4.6	110
20	Sandoz Pharmaceutical Co., Ltd.	410	43	57	57.5	1.3	19.3	140
21	Ono Pharmaceutical Co., Ltd.	570	63	37	52.6	1.2	11.4	92
22	Kaken Pharmaceutical Co., Ltd.	450	27	73	51.1	1.2	0.7	114
23	Mochida Pharmaceutical Co., Ltd.	650	30	70	50.4	1.2	-18.7	78
24	Kowa Co., Ltd.	720	33	67	50.2	1.1	0.2	70
25	Toyo Jozo Co., Ltd.	500	23	77	47.1	1.1	13.0	94
26	Lederle (Japan) Ltd.	510	31	69	46.8	1.1	5.2	92
27	Sumitomo Seiyaku K.K.	550	36	64	46.4	1.1	-3.1	84
28	Kyorin Pharmaceuticals Co., Ltd.	700	49	51	46.4	1.1	21.5	66
29	Hoechst Japan Ltd.	580	59	41	46.1	1.1	4.5	79
30	Toyama Chemical Co., Ltd.	650	40	60	44.4	1.0	3.3	68
31	Dainippon Pharmaceutical Co., Ltd.	520	42	58	40.8	0.9	5.0	78
32	BAYER YAKUHIN, LTD.	405	41	59	40.7	0.9	4.2	100
33	Fuso Pharmaceutical Industries, Ltd.	280	32	68	40.1	0.9	12.1	143
34	Nippon Shinyaku Co., Ltd.	500	42	58	39.6	0.9	-2.9	79
35	Bristol-Myers K.K.	450	35	65	39.5	0.9	-2.6	88

Quelle: BAYER YAKUHIN (1986).

Tabelle 5: Status der führenden Anbieter auf dem japanischen Pharmamarkt, 1985

Name	Tochter-gesell-schaften	Produktions-stätten	Werbung	Größe der Belegschaft 1982	Größe der Belegschaft 1985	Vertrieb	Forschung
Abbott	x	x	x	100	150	Dainippon	
Bristol	x	x	x	400	400	x	x
Lilly	x		x		NA	Shionogi	
Lederle	x	x	x	350	350	Takeda	x
Merck	x	x	x	450	1.050	x	x
Pfizer	x	x	x	900	900	x	x
Schering-Plough	x	x	x	300	300	x	
Searle	x	x	x	100	100	Dainippon	
Smith Kline	x		x	100	200	x	
Squibb	x		x	NA	150	x	
Upjohn	x	x	x	400	400	Sumitomo	x
Ciba-Geigy	x	x	x	650	660	x	
Roche	x	x	x	200	350	x	x
Sandoz	x	x	x	330	400	Sankyo	
Bayer	x	x	x	300	300	Takeda	
Boehringer-Ingelheim	x	x	x	330	330	Tanabe	
Hoechst	x	x	x	400	500	x	x
Schering AG	x	x	x	350	350	x	
Beecham	x		x	150	220	x	
Glaxo	x	x	x	150	250	x	
ICI	x		x	310	340	Sumitomo	
Wellcome	x		x		92	Sumitomo	

Quelle: YANO REPORT (1986).

Japanische Besonderheiten als Zutrittsschranken

Die in Japan bereits tätigen ausländischen Arzneimittelanbieter fühlen sich überwiegend nicht durch bewußt errichtete Zutrittsschranken diskriminiert. Gemeint ist damit, daß sich die japanische Regierung derzeit nicht in erkennbarer Weise der üblichen Formen tarifärer oder nichttarifärer Diskriminierungen ausländischer Anbieter bedient, um die eigene pharmazeutische Industrie dem *infant-industry argument* entsprechend in der jetzigen Internationalisierungsphase zu schützen. Andererseits gibt es gewisse objektive Hemmnisse für eine freie Entfaltung der Ausländer auf dem japanischen Pharmamarkt, die weniger aus der wirtschaftspolitischen Praxis als vielmehr aus den Eigenheiten des japanischen Wirtschafts- und Gesellschaftslebens selbst resultieren:

- Hinderlich ist zunächst einmal die vielbeklagte Informationslücke (*information gap*). Sie besteht darin, daß ausländische Anbieter häufig zu spät oder gar nicht über Interna im Zusammenhang mit der Zulassung neuer Medikamente, mit routinemäßigen oder besonderen Preisrevisionen oder auch mit generellen gesundheitspolitischen Entscheidungen des MHW informiert sind, so daß sie sich nicht oder nicht rechtzeitig darauf einstellen können. Dies liegt zum einen an der nach wie vor "geschlossenen Gesellschaft" der JAPANESE PHARMACEUTICAL MANUFACTURERS ASSOCIATION (JPMA), die ausländische Firmen nur bedingt am internen Informationsaustausch partizipieren läßt; zum anderen aber auch an der mangelnden Bereitschaft der japanischen Jointventure-Partner, ihr politisches Insiderwissen mit dem ausländischen Management zu teilen. Einige Firmen versuchen deshalb, das "Draußen-vor-der-Tür-Problem" durch Einstellung von ehemaligen Mitarbeitern und Managern des KOSEISHO zu überwinden. Hinderlich ist dennoch, daß die japanischen Mitarbeiter der ausländischen Niederlassungen gewisse Schwierigkeiten haben, Insiderwissen Ausländern gegenüber in rationaler Weise zu verbalisieren und mitzuteilen, was nicht unbedingt mit den vielzitierten "Sprachbarrieren" identisch ist.

- Ein weiteres Hindernis resultiert aus der in Japan weitgehend fehlenden Trennung zwischen dem Verschreiben und Abgeben von Medikamenten durch die Leistungserbringer, verbunden mit dem Rabattsystem, aus dem niedergelassene Ärzte und Krankenhäuser einen wesentlichen Teil ihres Einkommens beziehen; hierdurch werden die ausländischen Firmen mit der Praxis konfrontiert, für ihre Medikamente nicht mehr in erster Linie mit medizinischen Argumenten den Markt zu erschließen, sondern über den Einkommensanreiz möglichst hoher Rabatte. Oftmals zu geringe Entscheidungsspielräume des Managements vor Ort ("telex syndrome"), verbunden mit dem Versuch, international durchaus bewährte Marketingstrategien unbesehen auf dem japanischen Pharmamarkt zu praktizieren, können in diesem Zusammenhang zu beachtlichen - wenn auch selbstgemachten - Fehlschlägen der Japan-Töchter ausländischer Pharmakonzerne führen.

- Hierzu tragen auch gewisse Beschränkungen in der Produktpolitik bei. Wenngleich die Zahl der im Ausland entwickelten Neueinführungen auf dem japanischen Pharmamarkt die der heimischen Anbieter nach wie vor deutlich übersteigt (*Tabelle 6*), haben die ausländischen Töchter mit durchschnittlich 25 Präparaten doch insgesamt weit weniger Produkte im Angebot als ihre japanische Konkurrenz, die es im Durchschnitt der 5 größten Hersteller auf 94 (1985) bringt. Dies hängt u.a. damit zusammen, daß es bisher als eine Art "ungeschriebenes Gesetz" des JPMA galt, die freie Entfaltung ausländischer Arzneimittelanbieter nur insoweit zu akzeptieren, wie sie mit neuen Medikamenten und Therapiekonzepten - und nicht mit "Allerweltspräparaten" oder "Me-toos" - in den japanischen Markt eindringen. In die gleiche Richtung wirkt das verständliche Interesse der japanischen Joint-venture-Partner an der Markteinführung nur solcher ausländischer Arzneimittel, die nicht in unmittelbarer Konkurrenz zu eigenen Produkten stehen. Nicht selten wird deshalb auch die Trennung vom japanischen Partner als Befreiung von einer unternehmensinternen "Wachstumsbremse" empfunden.

- Nicht zuletzt wirkt sich auch die besondere "Philosophie" der japanischen Medizin hinderlich für westliche Konkurrenten am Pharmamarkt aus. Gemeint ist damit, daß die japanische Medizin insgesamt eher impressionistischen Erfahrungen zugänglich ist als den statistischen Analysemethoden insbesondere bei klinischen Tests. Dies ist im Zusammenhang mit zwei weiteren Sachverhalten zu sehen: zum einen mit der nach wie vor unangefochtenen "Autorität" der japanischen Ärzte, die allgemein größten Wert auf eigene Tests ausländischer Präparate legen, zumal diese Prüfungstätigkeit der Ärzteschaft zusätzliche Einkommensquellen verschafft; zum anderen mit der Tatsache, daß Japaner zutiefst davon überzeugt sind, kulturell und sozial sowie physiologisch und psychologisch "einmalig auf der Welt" zu sein, so daß Erfahrungen in der Anwendung von Medikamenten im westlichen Ausland in Japan selbst nur sehr bedingt Geltung beanspruchen können.

Tabelle 6: Markteinführung neuer Medikamente in Japan, 1981-84

	Anzahl der Medikamente	Von heimischen Unternehmen entwickelt		Von ausländischen Unternehmen entwickelt	
		Anzahl	Anteil in %	Anzahl	Anteil in %
1981	60	20	33.3	40	66.7
1982	29	12	41.4	17	58.6
1983	31	12	38.7	19	61.3
1984	25	8.5	34.0	16.5	66.0
1981-1984	145	52.5	36.2	92.5	63.8

	1981		1982		1983		1984	
	Anzahl	Anteil in %	Anzahl	Anteil in %	Anzahl	Anteil in %	Anzahl	Anteil in %
Japan	15	23.1	9	23.1	10	25.0	12	32.4
U.S.	9	13.8	9	23.1	9.5	23.8	6	16.2
Switzerland	6	9.2	4	10.3	4	10.0	4	10.8
W. Germany	8	12.3	1	2.6	9	22.5	1	2.7
Italy	10	15.4	1	2.6	1	2.5	6	16.2
France	3	4.6	5	12.8	3	7.5	5	13.5
U.K.	3	4.6			0.5	1.3	2	5.4
Others	11	17.0	10	25.5	3	7.4	1	2.8
Total	65	100.0	39	100.0	40	100.0	37	100.0

Quelle: YAMAICHI (1986).

Gerade aus der zuletzt genannten japanischen Eigenheit resultierte jahrzehntelang eine äußerst hinderliche Zutrittsbarriere für die ausländischen Arzneimittelhersteller: Japan akzeptierte bis vor kurzem nur sehr eingeschränkt - wenn überhaupt - die im Ausland erzielten Ergebnisse vorklinischer und klinischer Tests, so daß das Innovationsprocessing selbst international bewährter Medikamente zwecks Markteinführung in Japan größtenteils an Ort und Stelle wiederholt werden mußte. Umgekehrt werden die in Japan erzielten Testergebnisse bei der Zulassung in den USA wie in Europa seit jeher anerkannt. Hierzu zwei Beispiele:

- Das Antibiotikum *Ciprofloxacin* von BAYER wurde gleichzeitig in der Bundesrepublik Deutschland, in den USA und in Japan klinisch entwickelt. Während für die Zulassung in Deutschland die verfügbaren klinischen Daten aus den USA und Japan herangezogen werden konnten, hat Japan umgekehrt keine klinischen Testergebnisse aus Deutschland und den

USA anerkannt – zumindest nicht als *essential evidence*, sondern allenfalls als *supporting data*.

- Das Präparat *Ofloxacin* wurde von der Firma DAIICHI in Japan entwickelt und in Lizenz an HOECHST gegeben. Die Firma HOECHST konnte die klinischen Testergebnisse von DAIICHI aus Japan für die Zulassung beim BUNDESGESUNDHEITSAMT nutzen, so daß sie etwa 4 Wochen früher in Deutschland auf dem Markt war als DAIICHI in Japan. Ein solches Verfahren mit umgekehrten Vorzeichen wäre dagegen unmöglich gewesen.

Hieraus folgt, daß die japanische Pharmaindustrie, sofern sie zum verstärkten Sprung auf die ausländischen Pharmamärkte ansetzt, durchaus einen Vorteil im Vergleich zu den ausländischen Anbietern im japanischen Markt hat.

Abbau von Zutrittsschranken durch MOSS-Verhandlungen

Derartige Ungleichbehandlungen von japanischen und ausländischen Arzneimittelherstellern im internationalen Innovationsprocessing haben immer wieder zu kritischen Reaktionen im westlichen Ausland geführt; sie waren auch der Anlaß, Pharmazeutika in die 1985 begonnenen MOSS-Verhandlungen zwischen den Regierungen der USA und Japans aufzunehmen. Inzwischen hat es insofern gewisse Fortschritte im Abbau dieser Zutrittsbeschränkungen gegeben, als die Ergebnisse der im Ausland erzielten vorklinischen Tests – soweit sie bestimmten Standards entsprechen – von Japan grundsätzlich anerkannt werden, also nicht mehr wie bisher wiederholt zu werden brauchen. Auch ist es inzwischen generell möglich, die Produktionsgenehmigung für ein Arzneimittel von einem Hersteller auf einen anderen zu übertragen, sofern der Transfer für die Beteiligten vorteilhaft und alle verfügbaren Daten über Qualität, Wirksamkeit und Sicherheit des Präparats mit übertragen werden. Schließlich wurden auch die Standards der Stabilitätstests von Arzneimitteln zweckmäßiger gefaßt und vereinheitlicht sowie die Abwicklung des Arzneimittelimports vereinfacht. Dagegen besteht Japan wegen des ADME-Problems nach wie vor auf der Wiederholung wesentlicher Teile der klinischen Tests in Japan, wenngleich seit Mitte 1985 gewisse im Ausland erzielte Testergebnisse als Primärdaten anerkannt werden.

Prinzipiell hat also die ausländische Pharmaindustrie freien Zugang zum japanischen Markt; allerdings ist sie dabei mit einer Reihe von Besonderheiten konfrontiert, die die Entwicklung, die Einführung und den Vertrieb von Medikamenten in Japan weitaus schwieriger gestalten als im übrigen westlichen Ausland. Zwar genießt die japanische Pharmaindustrie derzeit keinen direkten Schutz mehr als *infant-industry*, dennoch wirken sich die genannten Hürden per saldo durchaus förderlich für ihre beschleunigte Entwicklung aus. Umgekehrt wird den ausländischen Konkurrenten insbesondere durch die grundsätzliche Wiederholung klinischer Tests bzw. die Nichtanerkennung von im Ausland gewonnenen Erfahrungswerten eine erhebliche Bürde auferlegt, die sich kostentreibend und zeitraubend bei der Einführung neuer Medikamente auf dem japanischen Markt auswirkt.

4.2. Diskriminierungsmöglichkeiten bei der Zulassung von Arzneimitteln

Abgesehen von den zuvor beschriebenen objektiven Zutrittsschranken zum japanischen Pharmamarkt, gibt es aufgrund seiner spezifischen Struktur auch eine Reihe von Möglichkeiten, ausländische Pharmaproduzenten mehr oder weniger offen zu diskriminieren. Freilich lassen sich derartige Praktiken nur in wenigen Einzelfällen konkret nachweisen und belegen, wobei die betroffenen Firmen ihrerseits äußerste Zurückhaltung bei der Offenlegung ihrer diesbezüglichen Informationen üben, weil sie gegebenenfalls später mit Benachteiligungen zu rechnen haben.

Eine wesentliche Möglichkeit, ausländische Pharmahersteller gegenüber heimischen zu benachteiligen, ist die NDA-Prozedur der Zulassung neuer Pharmaka auf dem japanischen Markt. Dies vor allem deshalb, weil dieses Verfahren für Außenstehende weder durchschaubar noch in seinen einzelnen Phasen nachvollziehbar ist: Das Medikament wird, mit den erforderlichen umfangreichen Unterlagen versehen, beim MHW angemeldet. Nach

Annahme durch das KOSEISHO liegt die materielle Prüfung der Zulassungsunterlagen bei einigen Ausschüssen (CHOSAKAI; TOKUBETSU-BUKAI; JYONIN-BUKAI; *Übersicht 3*), die von Vertretern des MHW sowie von MHW-externen Experten, insbesondere von einschlägig ausgewiesenen japanischen Professoren besetzt sind. Zu den Beratungen dieser Ausschüsse haben weder die antragstellenden Firmen noch externe, von den Antragstellern benannte Experten Zutritt. Erst in jüngster Zeit sind - wohl als Ausfluß der MOSS-Verhandlungen - Bestrebungen des MHW erkennbar, den NDA-Prozeß für die Antragsteller transparenter zu machen.

Allein schon die Zusammensetzung der Ausschüsse und die Nichtöffentlichkeit der NDA-Prozedur schaffen eine Grauzone, in der vielschichtige diskriminierende Entscheidungen möglich sind. Sie läßt sich noch nicht einmal dadurch aufhellen, daß der Antragsteller das Recht hat, über den Stand des jeweiligen Zulassungsverfahrens informiert zu werden. So gewinnen ausländische Hersteller nicht selten den Eindruck, daß die Entscheidungen im Verlauf des NDA-Prozesses teilweise willkürlich und unvernünftig, zumindest aber oft unverständlich sind. Schließt man die bewußte Absicht zur Benachteiligung ausländischer Hersteller bzw. ihrer Produkte nicht prinzipiell aus, gibt es eine Reihe von Anhaltspunkten, die - wenn nicht auf eine generelle bzw. systematische, so doch auf eine im Einzelfall ad hoc jederzeit mögliche - Diskriminierungspraxis schließen lassen:

- Da in Japan wesentliche Teile der klinischen Tests von Medikamenten im Ausland nicht anerkannt und in Japan selbst vom Hersteller nachgeholt werden müssen, können die Zulassungsgremien jederzeit die Validität der Unterlagen bezweifeln, Ergebnisse nachfordern oder neue Tests veranlassen. Hierdurch kann sich das Zulassungsverfahren nicht unerheblich verzögern - ganz abgesehen von den dadurch entstehenden Mehrkosten. Die Verzögerung selbst kann bewußt herbeigeführt werden, um Konkurrenzprodukten japanischer Hersteller, die ebenfalls kurz vor der Markteinführung stehen, einen Wettbewerbsvorteil zu verschaffen - sei es, daß sie zeitlich vor den ausländischen Medikamenten zugelassen werden, oder daß ihre gleichzeitige Zulassung mit den ausländischen Produkten sichergestellt wird. Ein Beispiel hierfür gibt das Präparat *Claforan* von HOECHST, das bereits längere Zeit in der Bundesrepublik Deutschland eingeführt war und dessen Zulassung in Japan durch verschiedene der oben beschriebenen Taktiken vermutlich so lange verzögert wurde, bis 6 japanische Konkurrenzprodukte gleichzeitig zugelassen werden konnten.

- Die für neue Pharmaka zuständige Abteilung des MHW (PHARMACEUTICAL AFFAIRS BUREAU; PAB) umfaßt nach wie vor kaum mehr als 20 Experten. Die wesentliche Aufgabe der wissenschaftlichen Überprüfung und Bewertung der eingereichten umfangreichen Daten liegt jedoch bei dem NEW DRUG INVESTIGATIONAL SCREENING COMMITTEE (CHOSAKAI), das aus etwa 15 Professoren der medizinischen, pharmazeutischen und pharmakologischen Fachrichtungen besteht. Da es sich hierbei - dem hierarchischen Aufbau der japanischen Gesellschaft entsprechend - um die jeweils anerkanntesten, beziehungs- und einflußreichsten Persönlichkeiten handelt, läßt sich denken, daß der Einblick in die Forschungsunterlagen der ausländischen Antragsteller zu umfangreichen und vor allem kostenlos erhältlichen Informationen führt, die im eigenen Forschungsinteresse wie im Interesse der mit diesen Ausschußmitgliedern wissenschaftlich zusammenarbeitenden japanischen Pharmaherstellern nutzbar sind.

- Hinzu kommt, daß der zentrale Zulassungsausschuß (CHOSAKAI) - wohl nicht zuletzt deshalb, weil seine Mitglieder praktisch nur eine Aufwandsentschädigung erhalten - die jeweiligen Prüfungen und Entscheidungen unter erheblichem Zeitdruck durchführt: Die Sitzungen finden jeweils nur zweimal im Monat statt und dauern kaum mehr als einen halben Tag. Angesichts der z.B. 1984 eingereichten 61 Anträge auf Neuzulassung mit einem Umfang der Zulassungsunterlagen pro Fall zwischen 5-20 Tsd. Seiten kann kaum von einem wissenschaftlich adäquaten und der wirtschaftlichen Bedeutung des Entscheidungsprozesses angemessenen NDA-Verfahren die Rede sein. Somit verlagert sich einerseits die gesamte Verantwortung für die Richtigkeit und

Vollständigkeit der Ausschußunterlagen hin zum Antragsteller; andererseits gibt das Verfahren einen gewissen Raum für "manipulierte" Tests und Analysen.

- Eine weitere Diskriminierung im NDA-Prozeß kann auch dadurch entstehen, daß die Beteiligung des Antragstellers bzw. seiner beauftragten Experten am Zulassungsverfahren schon aus zeitlichen Gründen nicht möglich ist. So können Unklarheiten und Rückfragen nicht innerhalb eines Hearings, das der Entscheidungsfindung dienen könnte, geklärt werden. Der Zulassungsausschuß schließt seine Entscheidung vielmehr positiv ab, indem er die Zulassung erteilt, oder aber indem er weitere Daten anfordert oder zusätzliche Tests verlangt (erst seit kurzem hat der Antragsteller die Möglichkeit, auch durch den Vorsitzenden des Zulassungsausschusses mündlich informiert zu werden). Da es über die Sitzungen des Zulassungsausschusses keine ausführlichen Protokolle gibt, die den Antragstellern zugänglich wären und aus denen die Ablehnungsgründe ersichtlich werden, verbleibt stets ein Rest an Unsicherheit, wie der Antragsteller im gegebenen Fall weiter verfahren soll bzw. welche Verfahrensweise künftig besser zum Erfolg führen würde. Da auch hierbei insbesondere die ausländischen Pharmaproduzenten weder formell noch informell Einblick in die Gründe der Entscheidungen haben, resultiert daraus per saldo eine zwar nicht direkt nachweisbare, aber doch wohl insgesamt zu vermutende Benachteiligung.

Zusammenfassend läßt sich somit feststellen, daß die von den Japanern praktizierten formellen Zulassungsvoraussetzungen für neue Medikamente in Verbindung mit der personellen Zusammensetzung des Zulassungsausschusses und der zuständigen Abteilungen des KOSEISHO grundsätzlich vielschichtige Möglichkeiten zur Diskriminierung ausländischer Pharmahersteller bieten. Diese Möglichkeiten sind jedoch durchweg informell, d.h. sie entstehen aufgrund von Entscheidungs- und Verhaltensspielräumen der mit der Zulassung befaßten japanischen Gremien. Ausländische Pharmahersteller haben hierzu keinerlei Zutritt und überdies weder ein formelles Anhörungs- noch ein Auskunftsrecht. Das in anderen Branchen bereits hinreichend bekannte und bestens funktionierende Modell des "Japan Incorporated" dürfte deshalb auch auf dem Pharmamarkt wirksam sein, d.h. daß die japanische Pharmaindustrie im Gegensatz zur ausländischen sehr wohl über Informations- und Einflußkanäle verfügt, auf denen sie ihre Interessen vergleichsweise sehr viel besser wahren kann. Freilich lassen sich auch diesbezüglich keine generell objektivierbaren Praktiken nachweisen; lediglich aus Einzelfällen läßt sich auf das Vorhandensein und die tatsächliche Nutzung von Diskriminierungsmöglichkeiten bei der Zulassung neuer Medikamente auf dem japanischen Markt schließen.

4.3. Diskriminierungsmöglichkeiten bei der Preisfestsetzung und Preisanpassung

In ähnlicher Weise wie beim NDA-Verfahren ergeben sich auch aus der Preisfestsetzung für neu zugelassene Medikamente sowie aus der Preisanpassung im Rahmen der NHI-Preis-Revisionen gewisse Evidenzen für Diskriminierungsmöglichkeiten ausländischer Pharmaanbieter.

Diskriminierende Preisfestsetzungspraktiken

Wie bereits gezeigt, verfolgt das MHW bei der Zulassung neuer Medikamente eine Politik, durch die pharmazeutische Innovationen mit einer entsprechend hohen Preisstellung und - abgesehen von der bis zu 25-jährigen Patentlaufzeit für den Wirkstoff - mit einem 6-jährigen Imitationsschutz belohnt werden sollen. Sofern es für die Überlegenheitsprüfung der neuen Arzneimittel anerkannte Standardtherapeutika gibt, dürfte der Diskriminierungsspielraum des MHW relativ gering sein. Anders verhält es sich dagegen in jenen Fällen, in denen Pharmainnovationen völlig neue Anwendungsgebiete und Be-handlungskonzepte eröffnen, so daß vergleichbare Wirk substanzen oder Behandlungswege nur bedingt zur Preisfestsetzung herangezogen werden können. Es ist somit eine Frage, wie das MHW in jedem Einzelfall das innovatorische Potential des neuen Medikaments einschätzt, den Behandlungs kostenvergleich durchführt, internationale Vergleichspreise heranzieht und gegebenenfalls die entstandenen F+E-Kosten zu veranschlagen bereit ist. Diesbezüglich bestehen mehr oder weniger große Entscheidungsspielräume, die im Einzelfall zugunsten der japanischen Pharmaindustrie genutzt werden können. Darüber hinaus ist es eine offen geübte Praxis, innovatorische Produkte der japanischen Pharmaindustrie generell mit einem "Innovationsbonus" zu versehen (s. Abschnitt 3.5.).

Ausländische Arzneimittelanbieter können auch durch die Preisfestsetzung erstmalig zugelassener Generika benachteiligt werden. Dies deshalb, weil Generika mit dem gleichen Preis wie das Originalpräparat zugelassen werden, sofern nicht mehr als 19 Me-toos gleichzeitig zur Zulassung anstehen; werden mehr als 19 Generika gleichzeitig zugelassen, setzt das MHW für alle Me-toos einheitlich einen Preis fest, der 10 vH unter dem Preis des Originals liegt. Sofern also mehr als 19 Me-toos gleichzeitig die Zulassung beantragen, besteht für das MHW die Möglichkeit, die Zahl der definitiv zugelassenen Me-toos auf 19 zu begrenzen, um ihnen damit den NHI-Preis des Originalmedikaments zukommen zu lassen. Dies würde - im Gegensatz zur generellen "Philosophie" des KOSEISHO, Generika im Interesse von Pharmainnovationen zurückzudrängen - bedeuten, daß die japanischen Anbieter von Me-toos eindeutig durch die Preispolitik des MHW begünstigt werden.

Einen Hinweis auf diese Möglichkeit der Diskriminierung gibt der Fall des Medikaments *Adalat* von BAYER: Es erhielt nach Ablauf der 6-jährigen Schutzfrist auf einen Schlag genau 19 Me-too-Konkurrenten, denen das MHW den Original-NHI-Preis zubilligte, so daß die *Adalat*-Konkurrenz mit entsprechend hohen Rabatten in einen Verdrängungswettbewerb am japanischen Markt einsteigen konnte. Dieser Fall ist aber vor allem deshalb bemerkenswert, weil knapp 3 Jahre später erneut 7 *Adalat*-Konkurrenten zugelassen wurden. Es spricht viel für die Vermutung, daß das MHW in der ersten Zulassungsrunde die Zahl der *Adalat*-Konkurrenten bewußt auf 19 begrenzt hat, um in der beschriebenen Weise die japanische Konkurrenz zu begünstigen.

Diskriminierende Preisanpassungspraktiken

Der Fall des Medikaments *Adalat* und seiner generischen Konkurrenten läßt auch hinsichtlich der seit 1981 erfolgten Preisanpassungen gewisse Rückschlüsse auf Ungleichbehandlungen der Pharmahersteller durch das KOSEISHO zu. So wurden, wie bereits dargestellt, 1981 gleichzeitig 19 Generika zum gleichen NHI-Preis wie *Adalat* zugelassen. Die nachfolgenden Preisreduktionen waren jedoch recht unterschiedlich - auch und gerade innerhalb der Gruppe der Me-toos. Dies hat dazu geführt, daß z.B. 1985 *Adalat* und nur noch ein Generikum den gleichen NHI-Preis hatten, während die Preise der übrigen Me-toos bis zu 26 vH niedriger lagen. Derartige NHI-Preis-Differenzen könnten regulär nur dann zustande kommen, wenn der Rabatt-Wettbewerb immer wieder zu markanten Rabatt-Differenzen zwischen den einzelnen Wettbewerbern führt. Dies widerspricht jedoch allen wettbewerbstheoretischen Einsichten, nach denen es bei einem als homogen betrachteten Gut und weitgehender Markttransparenz - wie im Fall des *Adalat* und seiner Me-too-Konkurrenten - weder nachhaltige noch gravierende Preis- bzw. Rabatt-Unterschiede geben kann. Somit bleibt als Erklärung nur, daß das KOSEISHO selbst die einheimischen Me-too-Produzenten ungleich behandelt. Um so mehr spricht dann aber dafür, daß im Zweifelsfall keine objektive Gewähr besteht, daß auch die ausländischen Pharmahersteller gleichbehandelt werden.

Eine weitere Möglichkeit der Ungleichbehandlung bieten die in den letzten Jahren immer häufiger praktizierten partiellen NHI-Preis-Revisionen. Dabei greift das MHW bestimmte Kategorien von Arzneimitteln heraus und unterzieht sie dem auch bei generellen Preisrevisionen üblichen Bulk-line-System (s. Abschnitt 3.2.; *Abbildung 9*). Diskriminierend wirken die partiellen Preisanpassungen deshalb, weil Arzneimittel mit durchaus gleichem Anwendungsgebiet in unterschiedlichen Gruppen gelistet sein können, so daß konkurrierende Präparate gegebenenfalls unterschiedlich häufig bzw. in unterschiedlichen Zeiträumen der NHI-Preis-Revision unterzogen werden. Dies ist deshalb möglich, weil das MHW offenbar die Klassifikation der Arzneimittel nach der *Japan Standard Merchandise List* (*JSM List*) zugrunde legt, die jedoch nach wirtschaftsstatistischen Gesichtspunkten aufgestellt ist und die wettbewerbliche Reaktionsverbundenheit von Arzneimitteln mit gleicher oder ähnlicher Medikation in keiner Weise berücksichtigt (*Übersicht 5*). Hierdurch wird ökonomisch gesehen der Markt für ein praktisch homogenes Gut segmentiert, so daß die Marktsegmente durchaus in unterschiedlicher Weise dem Verfahren der Preisrevision unterzogen werden können: So findet sich z.B. *Adalat* zusammen mit einem japanischen Präparat (*Herbesser*) unter den *coronaren Vasodilatatoren* (CVD) gelistet, während ein weiteres, ebenfalls zur Bluthochdruck-Theraphie geeignetes Konkurrenzprodukt eines japanischen Herstellers (*Perdipine*) den *peripheren Vasodilatatoren* zugeordnet ist. Bemerkenswert ist dabei aber nur, daß *Adalat* und sein CVD-Konkurrent seit 1984 dreimal einer Preisrevision unterzogen wurde, während dies bei dem anders gelisteten Konkurrenzprodukt nur einmal der Fall war. Hieraus läßt sich schließen, daß sich die Entscheidungsspielräume für Preisanpassungen des MHW durch Marktsegmentierung vergrößern und gegebenenfalls auch diskriminierend nutzen lassen. Sollten jedoch - wie vom CHUIKYO vorgeschlagen und vom MHW kürzlich akzeptiert - künftig nur noch generelle NHI-Preis-Revisionen im regelmäßigen Zwei-Jahres-Rhythmus stattfinden, würde diese Möglichkeit praktisch entfallen.

Übersicht 5: Japanische Arzneimittelklassifikation nach
der JSM-Liste

Therapeutic category means the sub-groups classified by three digit numbers in the Category 81-Pharmaceuticals and Related Products of the Japan Standard Merchandise List (JSM List). This List is used for statistical research which require classification of merchandise and not in any way made as a reference for NHI pricing. In other words, the JSM List does not necessarily have the functions essential for NHI pricing, which inevitably means that partial revision based on the List leads to various contradictory consequences.

1) The last number 9 of the three digit indication

Within the framework of the therapeutic categories, for example, in the 240 category, there are several sub-groups such as 241, 242 and so forth and all products which are classified in the category but do not fall under any of the sub-groups, are put together as group 249. That means that any sub-group ending with number 9 presents products of various natures in comparison with other sub-groups. For instance, take a look at the sub-group 249 "other hormone preparations". This group includes drugs, the indications of which vary from hypertension to sterility to breast cancer. This obviously represents an absolutely unreasonable classification where products with totally different efficacy are put into the same single group. When this group is subject to a partial revision because it is recognized to contain products with a large NHI and marketplace price difference, other products in that group with a relatively small price difference are also subject to the reduction, simply because they belong to that group. In short, some products have had their prices cut simply because they belong to the same group as more intensively competitive products.

2) Products of too similar ingredients in different categories

Refer to the ingredients of the following product A listed in group 114 for analgesics & antipyretics and product B in group 118 for general influenza analgesics:

Ingredient	Product A	Product B
salicylamid	270 mg	270 mg
acetoaminophen	150 mg	150 mg
caffeine, anhydrous	60 mg	30 mg
antihistamins	chlorpheniramine maleate, 3 mg	promethazine disalicylate, 13.6 mg

As is apparent form the above table, the only difference between products A and B is that different antihistamins are used. However, product A is classified in group 114, analgesics & antipyretics, while product B is in group 118, common cold remedies. Their respective DI cards give descriptions of "effective for the symptoms caused by trachobronchitis such as influenza" and "effective for influenza or symptoms caused by tracho-bronchitis". Where is the difference? But note that product A was twice subject to price reduction as an analgesic & antipyretic, while group 118 has never been regarded as needing price reduction, leaving product B's price intact. The price difference between the two very similar products is becoming larger every year.

3) Sulpirid

Sulpirid was introduced in Japan as an antipeptic-ulcer agent, but expanded its indication later. Now it is used for treatment of psychoses like schizophrenia and depressive psychosis. Since it is used as an

> antipsychosis agent more frequently than as a remedy for peptic ulcer, its large dose preparations (100 mg tablet and 200 mg tablet) are classified in group 117 as anti-psychosis agents. However, the most frequently prescribed is its 50% granule, which is in group 232, antipeptic-ulcers. This fact reflects the contradiction between the reality and the JSM List classification. Sulpirid granule was, through being labeled as an antipeptic-ulcer in the JSM List, not included in the revision of the antipsychosis group and gained a competitive edge over other antipsychosis remedies.
>
> 4) Mysterious group 316
>
> Category 310 is for vitamin products and is divided from 311, vitamin A & D agents through 315, vitamin E & K agents with the addition of 318, combination vitamin agents and 319, other vitamin agents. Group 316 is non-existent in the JSM List. Group 316, however, does exist as far as the NHI price partial revisions are concerned as a group of "agents for the treatment of general skin diseases". How can this be explained? It is also very unreasonable to have such a category as "agents for treatment of general skin diseases" in the vitamin category.
>
> 6) Products for hypertension classified in various groups
>
> Products should be classified according to their main efficacy. However, the JSM List classification does not fully reflect the actual main use of each product. For example, one product categorized in group 213, diuretic agents is a thiazides preparation, which as far as its ingredients are concerned can be classified as such. However, in the actual market it is regarded mainly as a remedy for hypertension. Obviously it is more reasonable to classify it in group 214, hypotensives. The same can be said about nicarzipine preparations. Most of the cardiac products categorized in 219 are administered as hypotensives as well. Hypotensives are thus classified in various groups as 213, diuretics, 219, others, and 212, anti-arhythmia agents. When a price reduction is imposed on group 214, hypotensives, such groups as 213, 219 and 212 should also be taken into consideration.

In- und ausländische Arzneimittelanbieter sind auf dem japanischen Markt schließlich auch durch die praktische Durchführung des Bulk-line-Systems in recht unterschiedlicher Weise betroffen: Preisüberprüfungen werden vom MHW üblicherweise etwa einen Monat vorher den Großhändlern wie den Pharmaanbietern angekündigt. Das KOSEISHO läßt sich dann für diesen Ankündigungszeitraum die Marktdaten von den Großhändlern auf Band geben und wertet sie entsprechend aus. Dies gibt jedoch den Herstellern die Möglichkeit, im Hinblick auf die bevorstehende Preisrevision ihre bisher praktizierte Rabatt-Politik zu ändern - wenn nicht gar Rabatt-Manipulationen vorzunehmen. So kann ein Pharmaanbieter für einzelne Medikamente die Rabatte während des Revisionszeitraums kürzen, um drohende Preisreduktionen zu verringern oder gänzlich zu vermeiden. Sobald die Preisrevision abgeschlossen ist, kann der Hersteller dann seine zuvor gewährten höheren Rabatte wieder einräumen. Zieht die Konkurrenz hierbei nicht mit, drohen zumindest temporär Umsatzeinbußen, die der Hersteller gegebenenfalls dadurch vermeiden kann, daß er in Absprache mit dem Großhändler die vorübergehende Rabattkürzung später vergütet. Selbst wenn eine derartige Rabatt-Manipulation nicht praktiziert wird, läßt sich in Absprache mit den Großhändlern durch Vorauslieferung größerer Arzneimittelmengen der Umsatz im Revisionszeitraum stark reduzieren - eine Strategie, durch die ebenfalls eine drohende Preissenkung abgewendet oder gemildert werden kann.

Freilich sind für derartige Manipulationen die "Karten" auf dem japanischen Pharmamarkt ungleich verteilt:

- Einerseits werden sich die ausländischen Pharmaanbieter schon im Interesse der langfristigen Marktpflege wie der Aufrechterhaltung korrekter Beziehungen zu den Geschäftspartnern - und nicht zuletzt auch zum KOSEISHO - derartiger Praktiken enthalten;

- zum anderen verfügen sie durchweg aber auch nicht über die Möglichkeiten, als Ausländer (*Gaijin*) in die japanischen Informationsstrukturen und kartellartigen Beziehungsnetze so einzudringen, daß sich derartige Manipulationen langfristig und unentdeckt durchführen ließen.

Während somit die ausländischen Arzneimittelanbieter mit "gläsernen Taschen" dastehen, kann sich die heimische Pharmaindustrie durchaus in einer Grauzone bewegen, die zwar nicht durch offene Korruptionen gekennzeichnet ist, durchaus aber gewisse informelle "Skimming-Praktiken" zuläßt. Dabei spielt die Marktmacht der großen Pharmaanbieter und ihre kapitalmäßige Beteiligung an den Firmen des Pharma-Großhandels, die Druck auf die Großhändler auszuüben gestatten, ebenso eine Rolle, wie der Überlebenswille der meist kleineren und lokal begrenzt agierenden Me-too-Produzenten.

Insgesamt läßt sich somit feststellen, daß die MHW-Preispolitik unter den in Japan geltenden speziellen institutionellen Rahmenbedingungen durchaus Möglichkeiten bietet, ausländische Pharmaanbieter zu diskriminieren. Soweit sie praktisch genutzt werden, geschieht dies meist nicht offen, sondern auf subtile, gleichwohl wirtschaftlich äußerst wirksame Weise. Zumindest partiell und temporär kann dadurch die japanische Pharmaindustrie immer dann und überall dort geschützt werden, wo dies dem KOSEISHO aus Gründen der *Infant-industry-Protektion* opportun erscheint.

5. STAATLICHE FÖRDERUNG DER JAPANISCHEN PHARMAFORSCHUNG

5.1. Zulassungsverfahren und Preisanpassung für Arzneimittel als Instrumente der Innovationsförderung

Wie bereits gezeigt, leidet auch Japan seit geraumer Zeit unter einer dramatischen Kostenexplosion im Gesundheitswesen. Anders als in der Bundesrepublik Deutschland, bildet dabei der Verbrauch von Arzneimitteln, auf den immerhin knapp ein Drittel aller Gesundheitsausgaben entfällt, eine entscheidende Triebfeder: Begünstigt durch die Präferenz der Japaner für Medikamente - insbesondere für Antibiotika - und verstärkt durch einen inadäquaten Allokationsmechanismus - die Ärzte beziehen einen wesentlichen Teil ihres Einkommens aus dem Vertrieb von Arzneimitteln -, ist das Volumen des japanischen Pharmamarkts jährlich mit zweistelligen Raten geradezu explodiert. Japan hat inzwischen den höchsten Pro-Kopf-Verbrauch an Medikamenten der Welt und bildet weltweit zugleich einen der umsatzstärksten Einzelmärkte für Pharmaka. Seit Anfang der 80er Jahre versucht das KOSEISHO jedoch, diese Entwicklung zu bremsen: Durch Selbstbeteiligung der Patienten, Förderung von OTC-Präparaten sowie insbesondere durch forcierte Senkungen der NHI-Preise ist es gelungen, zumindest das Expansionstempo der Arneimittelausgaben zu bremsen. Abgesehen von politischen Widerständen gegen eine weitere Verschärfung dieser Maßnahmen, stößt die japanische Kostendämpfungspolitik diesbezüglich aber auch an eine andere Grenze - nämlich die davon ausgehende Gefährdung der Wettbewerbsfähigkeit der japanischen pharmazeutischen Industrie.

Hieraus ergibt sich ein wirtschaftspolitischer Zielkonflikt insoweit, als die pharmazeutische Industrie in Japan wie auch sonst auf der Welt zu den *High-Tech-Sektoren* zählt, die mit ihren intelligenten Produkten die dritte Welle der Industrialisierung tragen und in die "postindustrielle Dienstleistungsgesellschaft" führen sollen. So hat das japanische Finanzministerium (MOF) das Konzept der *Softnomics* entwickelt, nach dem die Wirtschaftspolitik vorrangig die Aufgabe hat, günstige Rahmenbedingungen vor allem für solche Sektoren zu schaffen, die Produkte mit einem hohen Wertschöpfungsanteil unter Verwendung hochqualifizierter Arbeit und gestützt auf Spitzentechnologie herstellen: Nachdem der "take-off" der japanischen Wirtschaft nach dem Zweiten Weltkrieg mit dem Ausbau arbeitsintensiver Industrien - wie Kohle und Textilien - begonnen hatte und durch rohstoff- und energieintensive Wirtschaftszweige - wie Stahl, Schiffbau, Aluminium, Papier und Chemie - weitergetragen bzw. durch Sektoren mit kapitalintensiver Massenproduktion mittlerer Technologie - wie Autos und Kameras - beschleunigt wurde, soll er nunmehr zunehmend auf die High-Tech-Sektoren - wie Mikroelektronik, Computerperipherie, Kommunikationstechniken und Biotechnologie - verlagert werden.

In diesem Softnomics-Konzept kommt der gesamten pharmazeutischen Industrie Japans eine gewisse Schlüsselrolle zu, weil sie als bisher noch weitgehend binnenmarktorientierter Sektor künftig verstärkt in die Internationalisierungsbemühungen Japans einbezogen und dementsprechend zunehmend exportintensiver werden soll. Eine noch schärfere, vor allem mit dem Instrument der NHI-Preis-Reduktionen geführte Kostendämpfungspolitik des MHW würde dagegen die japanische Pharmaindustrie nicht zuletzt in finanzielle Schwierigkeiten bringen und ihr so die nötige Basis für die ihr zugedachte Rolle in einer künftigen japanischen Exportoffensive entziehen.

In diesem Zusammenhang kommt sowohl dem Zulassungsverfahren für neue Arzneimittel als auch der Prozedur der Preisanpassung für bereits im Markt befindliche Medikamente eine strategische Rolle als *Instrumente der Innovationsförderung* zu.

Wie bereits gezeigt, werden Innovationen auf dem japanischen Pharmamarkt durch großzügige Festsetzung des NHI-Einführungspreises, die 6-jährige grace period sowie in den ersten Jahren nach der Zulassung u.U. relativ geringe NHI-Preis-Reduktionen erheblich begünstigt. Pharmaanbieter, die sich stark auf Forschung und Entwicklung neuer Arzneimittel verlegen, können sich so einen Marktvorsprung verschaffen, machen relativ hohe Gewinne und können hierdurch ihre F+E-Anstrengungen noch weiter verstärken. Dagegen werden durch dieses System weniger forschungsintensive Pharmaanbieter im Markt zurückgedrängt: Sie haben in relativ kurzen Abständen vergleichsweise hohe Preiskürzungen hinzunehmen, machen dementsprechend geringere Gewinne und sind folglich auch künftig nicht in der Lage, die erforderlichen F+E-Aktivitäten zu entfalten, so daß sie ständig vom Markt verdrängt zu werden drohen.

Das MHW gibt somit dem forschungsintensiven, innovatorischen Pharmaunternehmen eine klare Präferenz vor den Imitatoren im Arzneimittelmarkt - eine "Philosophie", die sich deutlich vom Ansatz anderer Länder unterscheidet. Besonders groß erscheint der Unterschied zur Bundesrepublik Deutschland, wenn man jene Vorschläge zur Reform des Gesundheitswesens in Betracht zieht, die auf eine Wettbewerbsintensivierung im Arzneimittelmarkt durch bewußte Begünstigung der "Billigarzneimittel" - d.h. der Imitationen und nicht der Innovationen zielen. Die positiven Effekte des japanischen Ansatzes werden sich im Vergleich dazu längerfristig sicherlich in einer wachsenden Prädominanz der japanischen Pharmaindustrie nicht nur zu Hause, sondern auch auf dem Weltmarkt zeigen.

5.2. Direkte staatliche Förderung der Pharmaforschung

Dem geschilderten Zwang zur Innovation auf dem japanischen Arzneimittelmarkt unterliegen sowohl die heimischen als auch die ausländischen Produzenten. So gesehen dürfte es nicht wundern, wenn die internationalen Pharmakonzerne zunehmend F+E-Ressourcen auf ihre in Japan tätigen Töchter verlagern, um unter den dort gegebenen Bedingungen im nationalen wie im internationalen Wettbewerb auf Dauer mithalten zu können.

Dennoch wird die japanische Pharmaindustrie auf absehbare Zeit Wettbewerbsvorteile behalten, weil ihre F+E-Aktivitäten direkt durch gezielte Maßnahmen der Regierung gefördert werden. Darüber hinaus erwächst ihr ein natürlicher Vorteil auch dadurch, daß die Eigenkapitalrentabilität japanischer Unternehmen ganz allgemein vergleichsweise hoch ist und somit F+E-Aktivitäten ungleich leichter durch Kapitalbeschaffung über die Börse finanzierbar sind. Hinzu kommt, daß im gewachsenen Beziehungsnetz zwischen Arzneimittelherstellern, universitärer Pharmaforschung und dem KOSEISHO mannigfaltige Absprachen über Schwerpunkte, Arbeitsteilung, Organisation und Finanzierung der Pharmaforschung möglich sind, von denen ausländische Hersteller zwangsläufig ausgeschlossen bleiben.

Die direkte staatliche Förderung der Pharmaforschung in Japan erfolgt auf insgesamt vier Ebenen:

- durch finanzielle Zuwendungen an einzelne Pharmahersteller für spezielle F+E-Aktivitäten;

- durch finanzielle Dotierung und organisatorische Betreuung von Regierungsprojekten;

- durch institutionelle Hilfestellung bei der Bildung von Forschungsgruppen und -instituten; sowie

- durch gezielte steuerliche Vergünstigungen der pharmaforschenden japanischen Industrie.

Finanzielle, organisatorische und institutionelle Förderung

Nach offiziellem Sprachgebrauch des KOSEISHO finanziert die japanische Regierung gegenwärtig keinerlei F+E-Aktivitäten der privaten Arzneimittelhersteller. Dagegen hat es in der Vergangenheit eine Reihe von Fällen gegeben, in denen japanische Pharmafirmen für die Entwicklung von Medikamenten - z.B. im Bereich der *Krebsbekämpfung* oder zur Entwicklung von *orphan drugs* - finanzielle Unterstützung in teils bekannter, teils unbekannter Höhe erhielten. Inzwischen scheint die Regierung jedoch eher die Strategie zu verfolgen, größere Projekte der Pharmaforschung, an denen sowohl die Privatwirtschaft als auch universitäre Forschungsinstitute beteiligt sein können, als "Regierungsprojekte" finanziell und organisatorisch in Gang zu setzen. Besonders erwähnenswerte Beispiele hierfür sind:

- *Synthetic Anti-Cancer Strategy for Ten Years*; hierbei handelt es sich um ein mit 37,2 Mrd. Yen dotiertes Forschungsprojekt auf dem Gebiet der Krebsbekämpfung, das 1983 begonnen wurde und bis 1993 fortlaufen soll;

- *Silver Science Research*; Gegenstand dieses Regierungsprojekts, für das 1987 0,6 Mrd. Yen vorgesehen sind, ist das Studium geriatrischer Krankheiten, die aufgrund der Altersstrukturentwicklung der japanischen Bevölkerung künftig immer größere Bedeutung haben werden;

- *Health Care Fund*; dieser Fonds ist 1987 mit 0,4 Mrd. Yen dotiert und soll solche Arzneimittelhersteller finanziell unterstützen, die sich insbesondere auf dem Gebiet der Biotechnologie betätigen;

- *Research on Biotechnology*; im Rahmen dieses Projekts zur Förderung der biotechnologischen Forschung hat das japanische MINISTRY OF SCIENCE AND TECHNOLOGY die Forschungsaktivitäten mehrerer Universitäten sowie von Firmen aus der pharmazeutischen, der chemischen und der elektronischen Industrie zusammengeführt und 1983 mit 0,3 Mrd. Yen unterstützt.

- *Longevity-related Basic Science Research Projects*; diese Projekte werden seit 1986 in Zusammenarbeit mit der JAPAN HEALTH SCIENCES FOUNDATION initiiert und mit 600 Mio. Yen vom Staat und nochmals 260 Mio. Yen von der Privatwirtschaft finanziert. Sie sind auf die drei Themenschwerpunkte "Biotechnologie", "medizinische Ersatzstoffe" und "biologische Abwehrmechanismen" konzentriert und werden in Kooperation von staatlichen Forschungsinstitutionen, Universitäten und der Pharmaindustrie durchgeführt.

Entscheidend an diesen Regierungsprogrammen ist, daß hier mit finanzieller und organisatorischer Unterstützung der Regierung Forschungsaktivitäten auf bestimmten Schwerpunktgebieten - z.B. Krebsforschung, Biotechnologie, Geriatrie - in Gang gesetzt, koordiniert und finanziert werden. Soweit der Regierung hieraus wie auch aus der universitären Pharmaforschung Patente erwachsen, gibt sie sie gegebenenfalls zur Verwertung an japanische Pharmahersteller weiter - wie dies gerade im Fall des *Interferons* gegen chronische Hepatitis (*Feron* der Firma TORAY) geschehen ist. Im übrigen scheint im Hintergrund auch stets das NATIONAL INSTITUTE OF HEALTH (NIH) zu stehen, das etwa den Max-Planck-Instituten in der Bundesrepublik Deutschland vergleichbar ist und nicht unwesentlich an der Koordinierung und Durchführung der staatlich initiierten Forschungsprogramme beteiligt ist. Da ausländischen Arzneimittelherstellern der Zugang zu diesen Programmen in der Regel verwehrt ist, entsteht hieraus eine nicht unerhebliche, wenngleich verständliche Begünstigung der japanischen Pharmaindustrie, die sich freilich erst langfristig in Form von Innovations- und Wettbewerbsvorteilen zeigen dürfte.

Health Science Technology Promotion Center

Die organisatorisch-institutionelle Unterstützung der japanischen Pharmaforschung durch das KOSEISHO zeigt sich insbesondere auch im Ausbau verschiedener seiner Abteilungen - z.B. der *Life Science Section* (1983) und *New Drug Technology Promotion Section* (1983) -, deren Aufgabe die Zusammenführung, Koordination und Betreuung der F+E-Aktivitäten verschiedener Forschungsträger auf besonders wichtigen, meist interdisziplinären Gebieten - insbesondere der Biotechnologie - ist. Einen weiteren wesentlichen Schritt in dieselbe Richtung wird das vom MHW geplante *Health Science Technology Promotion Center* (HSTPC) sein, für das im Haushalt 1987 bereits 5 Mrd. Yen veranschlagt sind. Aufgabe dieses staatlichen Promotion Centers soll es sein, forschungsorientierte Arzneimittelhersteller bei der Entwicklung neuer Breakthrough-Produkte und -Technologien finanziell zu unterstützen. Dabei ist an folgende Arten der Forschungsförderung gedacht:

- erstens an eine Kapitalbeteiligung an solchen Pionierunternehmen (*venture companies*), die von zwei oder mehr Pharmaproduzenten zum Zwecke gemeinsamer Basisforschung und -entwicklung gegründet werden; und

- zweitens an eine zinsgünstige *Kreditierung* ausgewählter F+E-Projekte einzelner Pharmaunternehmen, wobei insbesondere auch die internationale Forschungskooperation und -kommunikation sowie das Sammeln, Aufbereiten und Verbreiten forschungsrelevanter Informationen gefördert werden sollen.

Es ist geplant, daß sich das HSTPC bis zu 70 vH an den Kosten der jeweils ausgewählten F+E-Projekte beteiligt. Werden Kredite gewährt, soll sich der jährliche Zinssatz zwischen null - im Falle des Fehlschlags - und 6 vH - im Erfolgsfall - bewegen; die Tilgung der Kredite wird auf einen Zeitraum von 10 Jahren gestreckt. Es kann keine Frage sein, daß das HSTPC ein wirksames innovationsförderndes Instrument des KOSEISHO zu werden verspricht, sofern seine finanzielle Dotierung nur groß genug ist und auf spezielle High-Tech-Segmente des Pharmamarktes konzentriert bleibt.

Steuerliche Förderung

Bisher wurde die japanische Pharmaindustrie steuerlich nicht bevorzugt behandelt, obwohl die firmendurchschnittlichen F+E-Aufwendungen für ein neu entwickeltes Medikament bei den 9 führenden Arzneimittelherstellern mit 11.179 Mio. Yen (rd. 75 Mio. $) nahe an den westlichen Standard heranreichen, der bei 80-100 Mio. $ liegt (*Tabelle 7*). Einzig für die in der Biotechnologie engagierten Firmen besteht seit 1983 die Möglichkeit, bei der Anschaffung von Schutzanlagen für drei Jahre die Gewerbesteuer (*Standard Fixed Property Tax*) um 33 vH zu kürzen. Nach den Vorstellungen des KOSEISHO sollten den forschenden Arzneimittelherstellern jedoch spätestens im Haushaltsjahr 1987 eine Reihe von innovationsfördernden Steuererleichterungen eingeräumt werden:

Tabelle 7: F+E-Aufwendungen der führenden japanischen Arzneimittelhersteller, 1978-85

Unternehmen	Höhe der F+E-Aufwendungen 1978-1985 (Mio. Yen)	Anzahl neuer Medikamente	F+E-Kosten pro Produkt (Mio. Yen)
Takeda	203,423	7.5	27,123
Sankyo	97,149	14	6,939
Shionogi	105,501	15.5	6,807
Fujisawa	119,131	6	19,855
Tanabe	72,514	6	12,086
Eisai	95,936	6	15,989
Yamanouchi	68,854	9	7,650
Daiichi	62,605	11.5	5,444
Chugai	63,605	4	15,901
Gesamt	888,718	79.5	11,179

Quelle: YANO REPORT (Oktober 1986).

- Wegen des hohen Risikos und der geringen Profitabilität bei der Entwicklung von *orphan drugs*, sollen die Kosten der klinischen Tests dieser für seltene Krankheiten benötigten Präparate zu 50 vH von der Steuer absetzbar sein.

- Das geplante *Health Science Technology Promotion Center* soll als öffentliche Stiftung bzw. Körperschaft des öffentlichen Rechts von sämtlichen Steuern, Gebühren und Beiträgen befreit werden.

- Der Abschreibungszeitraum für pharmazeutische Produktionsanlagen soll generell merklich verkürzt werden.

- Die besonderen Abschreibungsmöglichkeiten kleinerer und mittlerer Unternehmen bei Aktivitäten außerhalb des japanischen Pharmamarktes sollen verbessert werden.

- Schließlich wird für die Antibiotika-Hersteller die völlige Befreiung von der Zuckersteuer gefordert, um den für die Produktion von *Cephalosporinen* wichtigen Rohstoff zu verbilligen.

Diese steuerlichen Erleichterungen sollen nach eigenem Bekunden des MHW dazu beitragen, die Position der japanischen Pharmaindustrie auf dem heimischen wie auf dem internationalen Markt zu stärken. Letztlich stellen sie eine gewisse Kompensation für den von der Kostendämpfungspolitik des KOSEISHO ausgehenden Druck auf die Ertragslage der Arzneimittelhersteller dar und sollen deren Innovationsfähigkeit sicherstellen.

5.3. Internationalisierungsstrategie und Exportorientierung der japanischen Pharmaindustrie

Die pharmazeutische Industrie Japans war bis zu Beginn der 80er Jahre nahezu ausschließlich binnenmarktorientiert: Während z.B. die deutsche Pharmaindustrie über 40 vH ihrer Produktion exportierte und Firmen wie BAYER und HOECHST kaum über 30 vH ihres Umsatzes in der Bundesrepublik Deutschland machten, brachten es die Japaner lediglich auf einen Exportanteil von weniger als 3 vH. Noch 1983 gab es erst 4

Tabelle 8: Exportanteile der führenden japanischen Arzneimittelhersteller, 1983-85

		1983	1984	1985
1.	Takeda Chemical Industries, Ltd.	6	7	7
2.	Sankyo Co., Ltd.	1	1	1
3.	Shionogi & Co., Ltd.	1	2	2
4.	Fujisawa Pharmaceutical Co., Ltd.	5	5	5
5.	Tanabe Seiyaku Co., Ltd.	7	8	12
6.	Eisai Co., Ltd.	7	6	7
7.	Yamanouchi Pharmaceutical Co., Ltd.	0	0	5
8.	Taisho Pharmaceutical Co., Ltd.	2	1	1
9.	Chugai Pharmaceutical Co., Ltd.	2	2	2
10.	Daiichi Seiyaku Co., Ltd.	10	9	8

Exportanteil in vH des Umsatzes.
Quelle: MINISTRY OF HEALTH AND WELFARE (MHW).

japanische Arzneimittelhersteller, die mehr als 5 vH ihrer Produktion exportierten (*Tabelle 8*). Angesichts eines jährlich mit zweistelligen Raten stürmisch wachsenden heimischen Marktes und weitgehend geschützt vor ausländischer Konkurrenz (s. Abschnitt 2.3. und 4.2.), fehlten der japanischen Pharmaindustrie auch der Anreiz wie der Zwang zu grenzüberschreitenden Aktivitäten. Hinzu kam, daß Japan kaum Erfahrungen in der Substanzforschung hatte und über 60 vH seiner Arzneimittel in Lizenz herstellte. Die Stärke der japanischen Pharmaindustrie ist dagegen nach wie vor die Galenik und das Fermentieren. Hieraus hat sich auch der Einstieg in eine eigenständige Antibiotika-Forschung ergeben. Auf diesem Gebiet, auf dem Japan allein ein Drittel der Weltproduktion verbraucht, hat sie inzwischen mit der Entwicklung der *Cephalosporine* anerkanntermaßen internationale Kompetenz erreicht.

Internationalisierungszwänge

Das "Treibhausklima", dessen sich die japanische Pharmaindustrie im eigenen Land lange Zeit erfreuen konnte, ist jedoch seit Anfang der 80er Jahre der "klirrenden Kälte" eines verschärften Wettbewerbs auf stagnierenden Märkten gewichen:

- Die KOSEISHO-Politik der *Kostendämpfung im Gesundheitswesen* hat via Selbstbeteiligung der Patienten und forcierter NHI-Preis-Reduktionen zu einer drastischen Verringerung der Umsatzzuwächse bei Arzneimitteln und damit zwangsläufig zu einer Verschärfung der Konkurrenz der japanischen Pharmaproduzenten untereinander geführt.

- Die KOSEISHO-Politik der *Marktöffnung nach außen* - sei es als bewußte Strategie oder als Reaktion auf die MOSS-Verhandlungen - hat via Abbau verschiedener Zutrittsbarrieren für ausländische Arzneimittelanbieter v.a. im NDA-Verfahren den internationalen Wettbewerb durch neue Anbieter und neue Produkte auf dem japanischen Markt merklich verschärft.

- Die KOSEISHO-Politik der *Strukturreformen im Gesundheitswesen* - Einführung der Selbstbeteiligung, Einschränkung der ambulanten Krankenhausbehandlung, numerus clausus für Ärzte, Förderung von OTC-Präparaten - wird längerfristig die gewachsene Absatzstruktur der pharmazeutischen Industrie nicht unberührt lassen, branchenfremde Anbieter von Wirksubstanzen in den Pharmamarkt locken und insgesamt den Wettbewerb unter den in- und ausländischen Arzneimittelherstellern noch weiter verstärken.

Es kann somit kein Zweifel daran bestehen, daß sich die pharmazeutische Industrie Japans seit einigen Jahren in einer Scheidewegsituation befindet: Für die 1.500 kleinen und mittleren Pharmaproduzenten stellt sich die Existenzfrage, die nur durch neue (Marktnischen-)Produkte vor allem im Bereich der OTC-Präparate und der erst jetzt entdeckten Mittel zur Gesundheitsvorsorge oder aber durch Unternehmenszusammenschlüsse befriedigend gelöst werden kann; für die restlichen 10 vH der großen Arzneimittelhersteller wird dagegen der Sprung in den Weltmarkt zu einer unausweichlichen Überlebensstrategie.

Internationalisierungsstufen

Während die pharmazeutische Industrie Europas und der USA schon seit Jahrzehnten multinational - wenn nicht global - operiert, machen die Großen der japanischen Pharmabranche gerade erst vorsichtige internationale Gehversuche. Hierin werden sie, wie bereits gezeigt (s. Abschnitt 5.2.), vom KOSEISHO gleichermaßen bestärkt wie gefördert: In der erklärten Absicht, die japanische Pharmaindustrie international wettbewerbsfähig zu machen, hat es die Arzneimittelhersteller im heimischen Markt zunehmend jenen Bedingungen ausgesetzt, unter denen sie auch auf dem Weltmarkt zu bestehen haben: nämlich dem Wettbewerbs-, Preis-, Kosten- und Innovationsdruck. Soweit erkennbar, trägt diese Strategie nun erste Früchte: Nach der Eroberung des Antibiotika-Marktes ist Japan im Begriff, zur führenden *Biotechnologie-Nation* aufzusteigen. Dabei kommt ihm die große Fermentierungs- und Galenikerfahrung zugute, ohne die der inzwischen hohe Stand seiner pharmazeutischen Technologie nicht denkbar wäre.

Auf diese Weise im heimischen Markt trainiert, durch forcierte F+E-Aktivitäten in zukunftsweisenden Schlüsselbereichen bestens vorbereitet und vom KOSEISHO vielfach nach Kräften gefördert, können die japanischen Pharmaproduzenten nunmehr die Stufen der Internationalisierung ihrer Branche nehmen:

- erstens der verstärkte *Export von Medikamenten*, insbesondere aus der Massenproduktion (*bulk*) von Antibiotika; hierin sind - teilweise mit sprunghaft steigenden Exportanteilen - vor allem die Firmen TANABE, DAIICHI, EISAI und TAKEDA engagiert (*Tabelle 8*);

- zweitens die *Lizenzvergabe an ausländische Arzneimittelhersteller* - auch hier vor allem wieder im Bereich der Antibiotika, aber auch der Cardiovascular- und Anti-Ulcus-Präparate; führend sind hierbei die Firmen DAIICHI (*Ofloxacin*), SHIONOGI (*Cefaclor*), TANABE (*Herbesser*), YAMANOUCHI (*Perpidin*; *Gaster*), SANKYO (*Cefmetazon*) und TOYAMA (*Antibiotikum T-2588*; *Übersicht 6*);

- drittens die *Beteiligung an ausländischen Pharmaunternehmen* oder die Gründung neuer Unternehmen zusammen mit einem ausländischen Partner (*joint ventures*). Hierbei haben sich TAKEDA und FUJISAWA bisher am weitesten vorgewagt (*Übersicht 7*) - in der Bundesrepublik Deutschland sind TAKEDA bei GRÜNENTHAL und FUJISAWA bei KLINGE engagiert, ein Joint Venture mit Umsatzbedeutung in den USA ist bisher nur bei TAKEDA/ABBOTT in Sicht;

- viertens die *Gründung eigener Unternehmen im Ausland*, die zunächst nur den Vertrieb, später auch die Produktion und gegebenenfalls F+E-Aktivitäten von der Muttergesellschaft übernehmen; soweit japanische Pharmaproduzenten bereits über selbständige Töchter im Ausland verfügen, haben sie ihnen bisher entweder nur die Produktion von Wirkstoffen überlassen - wie z.B. TAKEDA in den USA und YAMANOUCHI in

Irland - oder lediglich die *sales promotion* übertragen - wie SHIONOGI in der Bundesrepublik Deutschland und in den USA. Letzteres kann im Einzelfall bedeuten, daß nur ein Büro besteht, das zunächst keine andere Aufgabe hat, als jahrelang den betreffenden Auslandsmarkt zu beobachten und auf diese Weise seine spätere "Eroberung" vorzubereiten; und schließlich

- fünftens die *totale Internationalisierung* analog zu den europäischen und amerikanischen Pharma-Multis, d.h. Aufbau weltweit verzweigter Produktionsstätten mit jeweils eigenem Vertrieb und eigenen F+E-Aktivitäten. Hiervon ist die japanische Pharmaindustrie freilich noch weit entfernt; nur TAKEDA steht derzeit unmittelbar vor diesem Schritt.

Übersicht 6: Internationale Aktivitäten führender japanischer Arzneimittelhersteller, 1986

Sankyo (4501)

    Established Sankyo U.S.A. in March 1985 and extended technological information to Upjohn and Squibb. Stress on overseas expansion in the US with plans to venture into marketing in the near future.

    Advances made in West Germany by establishing Sankyo Europe in December 1985. Stress will be placed on CS-514 and the antibiotic Cefmetazon.

    Technological export to Squibb of the U.S.A. for CS-514 with extending technological know-how for CS-807 (phase III) and RS-533 (clinical test scheduled to start within 1986) under review.

Takeda (4502)

    Aggressive in overseas operations. The May 1985 formation of TAP Pharmaceuticals, a joint venture with Abbott Laboratories in the US has provided a strong base for international operations.

    The FDA granted approval for TAP Pharmaceuticals to market Lupron for the treatment of prostate cancer in the US. Preparations are underway for marketing the antibiotics Takesulin and Bestcall and Eurodin, a hypnotic.

    Past overseas operations were primarily limited to technological and bulk material exports. The overseas production of domestically developed pharmaceuticals for foreign markets has drawn attention.

    Overseas production and marketing of drugs currently under development also being considered. Annual sales of $200 million targeted for the future.

    Takeda Chemical has consolidated plans with Glaxo, a British firm, to jointly produce and market its new line of pharmaceutical products in Europe. Such an entry into the overseas market can be taken only because the company has created its own line of new promising drug items.

Yamanouchi (4503)

Anti-ulcer Agent, Gaster, is a valued drug item for full-scale overseas expansion. The company has licensed technology to Merck in the US. West Germany and Italy have given manufacturing approval for Gaster. The US expects to offer approval in 1987. Yamanouchi Europe and Yamanouchi Ireland were established in February and March 1986, respectively. Construction of a factory in Ireland began in May and operation is scheduled for 1988. Ireland will be a base for supplying bulk materials.

Overseas bulk production of Perdipine for the circulatory system and the antibiotic Josamycin as followups to Gaster are under review. Sales from overseas operations are targeted at ¥ 40-50 billion in 1992.

Fujisawa (4511)

Fujisawa Smith Kline Corporation, a joint venture, was established in August 1981 with Smith Kline Beckman Corporation in the US. Epocelin, an antibiotic developed by Fujisawa, is currently being marketed.

The company granted distribution rights to ACC in the US for FK-027, an oral cephalosporin antibiotic and FK-235, an anti-hypertension drug. Fujisawa also invested in Lypho Med, a US maker of injection medication which is anticipated to act as a supplier of future drug lines.

Toyama (4518)

Major achievements made in technological exports. Royalty income of ¥ 4.3 billion form ACC and Pfizer in the US and Roche in Switzerland in fiscal 1985. A continued trend is expected for the next three years.

Returns from technological exports of the antibiotic T-2588 to Roche scored the highest record in history. T-2588 will be marketed domestically in 1988. Pre-marketing developments at Roche began one year later than preparations in Japan and therefore Toyama Chemical will receive running royalty payments for T-2588.

Although the company has not initiated any direct overseas ventures, Toyama is a good example of a company capable of developing new drug lines and successfully marketing overseas.

Quelle: YAMAICHI (1986).

Übersicht 7: Auslandsbeteiligungen führender japanischer Arzneimittelhersteller, 1984

	Unternehmen	Land	Unternehmenszweck	Gründungsjahr
Takeda Chemical Industries	Takeda U.S.A. Inc.	U.S.A.	Sales	1967
	Takeda GmbH Import-Export	W.Germany	Bulk sales	1964
	Laboratoires Cassenne-Takeda S.A.	France	Production & sales	1978
	Takeda-Fallek Sales Inc.	U.S.A.	Production & sales	1980
	Takeda Pharma GmbH	W.Germany	Sales	1981
	Wiltak Inc.	U.S.A.	Production	1982
	TAP Pharmaceuticals	U.S.A.	Production & sales	1984
Tanabe Seiyaku	Tanabe U.S.A.	U.S.A.	Bulk Import and sales	1970
	Tanabe Europe	Belgium	Sales	1973
Shionogi	Shionogi U.S.A.	U.S.A.	Sales	1974
	Shionogi Co.	W.Germany	Sales	1975
Yamanouchi	(A joint concern to be founded.)	U.S.A.	Production & sales	vorgesehen für 1989-1990
Fujisawa Pharmaceutical	Fujisawa Pharmaceutical Corp.	U.S.A.	Collecting Information	1977
	Fujisawa Smith Kline Corp.	U.S.A.	Sales	1981
	Klinge	W.Germany	Production & sales	1983
Daiichi Seiyaku	Daiichi Pharmaceutical Corp.	U.S.A.	Production & sales	1982
Eisai	Eisai U.S.A.	U.S.A.	Sales of chemicals & medical equipment	1981
	Eisai-Sandoz (to be formed)	W.Germany	Production & sales	vorgesehen für 1986-1987
Green Cross	Alpha Therapeutic GmbH	W.Germany	Sales	
	Alpha Therapeutic Corp.	U.S.A.	Production & sales	1978
Otsuka Pharmaceutical	Laboratorios Miguel	Spain	Production & sales	1980

Quelle: NRI INVESTMENT RESEARCH (1984).

Zweifellos befindet sich die japanische Pharmaindustrie auf dem Wege zur Internationalisierung. Soweit sie diesen Weg bisher zurückgelegt hat, sind Erfolge nicht ausgeblieben: Japan hat seit 1981 mit Abstand die meisten neuen Substanzen (*New Chemical Entities; NCEs*) auf dem Weltmarkt eingeführt (*Tabelle 9*) und kann eine wachsende Zahl von Lizenzvergaben an ausländische Arzneimittelhersteller verbuchen, so daß die Lizenzbilanz inzwischen (1985) ausgeglichen ist (*Tabelle 10*). Dies ist um so erstaunlicher, als Japan noch bis zum Jahre 1980 etwa drei- bis viermal soviel für Pharmalizenzen zahlte wie es vom Ausland erhielt; dementsprechend hat sich das Verhältnis von genommenen zu vergebenen Lizenzen von

1977 (119:72) bis 1984 (123:204) - d.h. in nur 7 Jahren - genau umgekehrt (*Tabelle 11*).

Tabelle 9: Einführung neuer Substanzen (NCEs) auf dem Weltmarkt nach Herkunftsländern, 1981-86

1981		1982		1983		1984		1985		1986	
Japan	15	Japan	9	Japan	10	Japan	12	US	18	Japan	15
Italy	10	US	9	US	9.5	US	6	Japan	14	US	14
US	9	France	5	West Germany	9	Italy	6	Italy	5	West Germany	5
										Switzerland	4
West Germany	8	Switzerland	6	Switzerland	6	France	5	West Germany	4	UK	3
Switzerland	6	Spain	4	France	3	Switzerland	6	France	4	France	2
France	3	West Germany	1			UK	2	UK	3	Italy	1
Other	14	Other	7	Other	4.5	Other	2	Other	5	Other	3
Total	65	Total	39	Total	40	Total	37	Total	53	Total	47

0,5 := Co-Entwicklung.
Quelle: YANO REPORT (April 1987).

Tabelle 10: Zahl der an ausländische Arzneimittelhersteller neu vergebenen japanischen Lizenzen sowie Lizenzeinnahmen und -ausgaben, 1980-86

Jahr	Anzahl der vergebenen Lizenzen	Lizenz-Einnahmen (Mio. Yen)	Lizenz-Ausgaben (Mio. Yen)
1980	6	2,990	10,160
1981	13	8,270	11,070
1982	22	6,600	13,000
1983	18	9,900	12,400
1984	17	13,700	13,800
1985	19	13,100	13,100
1986	16	-	-

Lizenzeinnahmen und -ausgaben in Mio. Yen.
Quelle: YANO REPORT (April 1987).

Tabelle 11: Pharma-Lizenzbilanz Japans mit dem Ausland, 1976-84

Jahr	Lizenz-Ausgaben		Lizenz-Einnahmen		Ausgaben-Einnahmen-Relation (%)
	Anzahl genommener Lizenzen	Betrag (Mrd.Yen)	Anzahl vergebener Lizenzen	Betrag (Mrd.Yen)	
1984	123	13.80	204	13.70	1.01
1983	222	12.40	218	9.9	1.25
1982	118	13.00	198	6.60	1.97
1981	107	11.07	151	8.27	1.33
1980	132	10.16	148	2.99	3.40
1979	132	9.40	116	5.73	1.64
1978	122	7.13	87	3.41	2.09
1977	119	6.29	72	1.53	4.11
1976	88	5.35	82	1.88	2.85

Quelle: YANO REPORT (April 1986).

6. "PRESSURE MAKES DIAMONDS" - JAPANS PHARMAZEUTISCHE INDUSTRIE AUF DEM SPRUNG NACH VORN

Die jüngste Entwicklung der japanischen Pharmaindustrie ist ein lehrreiches Beispiel dafür, wie eine zunächst rein binnenmarktorientierte Branche durch veränderte wirtschaftliche und politische Rahmenbedingungen innerhalb weniger Jahrzehnte zum erfolgversprechenden Sprung in die Internationalisierung ansetzen kann. Solange der heimische Markt stürmisch expandierte, die ausländische Konkurrenz durch nichttarifäre Hemmnisse weitgehend ferngehalten und Grundlagenforschung nur in wenigen Bereichen getrieben wurde, waren die führenden japanischen Arzneimittelhersteller weder motiviert noch in der Lage, in den internationalen Wettbewerb einzutreten. Jetzt, wo die Kostendämpfungspolitik des KOSEISHO greift und der japanische Pharmamarkt der internationalen Konkurrenz offensteht wie nie zuvor, hat sich das Blatt gewendet: Wachstum und Rentabilität der japanischen Pharmaindustrie können längerfristig offenbar nur gesichert werden, wenn neue - d.h. nach Lage der Dinge: *internationale* - Märkte erschlossen werden.

Pressure: Zwang zu verstärkten F+E-Anstrengungen

Hierfür ist die pharmazeutische Industrie Japans inzwischen bestens gerüstet, weil sie nun die Früchte ihrer jahrzehntelangen F+E-Anstrengungen ernten kann, zu denen sie weniger durch eigene Einsicht, als vielmehr durch die wiederholten gesundheitspolitischen Weichenstellungen des KOSEISHO gebracht wurde:

- Die meisten japanischen Arzneimittelhersteller begannen erst Mitte der 60er Jahre überhaupt mit einer nennenswerten pharmazeutischen Grundlagenforschung. Äußerer Anlaß dazu waren v.a. die *Thalidomid*-Katastrophe von 1962 sowie die Vermarktung hygienisch nicht einwandfreier Präparate und weitere Pharma-Unfälle (*Coragil; Chloroquine*) in den Jahren danach. Hierauf reagierte das MHW 1967 mit einer Verschärfung des Arzneimittelgesetzes: Es erhöhte insbesondere die Anforderungen an die Wirksamkeit und Sicherheit neuer Medikamente im NDA-Verfahren und führte eine -

zunächst 3-jährige, seit 1980 6-jährige - *grace period* für die Post-marketing-Überwachung (PMS) zum Nachweis der Nebenwirkungen von Innovationen ein. Die Arzneimittelhersteller konnten diesen Anforderungen nur mit verstärkten F+E-Anstrengungen nachkommen.

- In die gleiche Richtung wirkte die neuerliche Reform des Arzneimittelgesetzes Anfang 1980, mit der die Zulassungsvoraussetzungen für neue Medikamente nochmals verschärft wurden. Darüber hinaus wurden von 1980-83 erhöhte Standards für Labortests (*Good Laboratory Practice; GLP*), klinische Tests (*Good Clinical Practice; GCP*) und die Arzneimittelherstellung selbst (*Good Manufacturing Practice; GMP*) erlassen. Gerade die kleinen und mittleren Arzneimittelhersteller, die schon Anfang der 70er Jahre Schwierigkeiten hatten, die verschärften Zulassungsvoraussetzungen zu erfüllen, und die seinerzeit bereits einen Teil ihrer Präparate aus dem Markt nehmen mußten, wurden hierdurch neuerlich zu verstärkten F+E-Anstrengungen herausgefordert, wenn sie nicht vom Markt verdrängt werden wollten.

- Der stärkste Druck auf die japanische Pharmaindustrie ging allerdings von den regelmäßigen *NHI-Preis-Senkungen* aus, die seit Anfang der 80er Jahre sogar noch forciert wurden. Das vom MHW praktizierte Bulk-line-System (s. Abschnitt 3.2.) zwingt geradezu die Arzneimittelhersteller dazu, ständig neue Medikamente auf den Markt zu bringen, um den aus dem Preisverfall ihrer bereits zugelassenen Präparate resultierenden Umsatz- und Ertragsrückgang zu kompensieren. Dies gilt um so mehr, als die Produktinnovationen mit relativ hohen NHI-Preisen gelistet werden und weder Me-toos noch Lizenzprodukte eine erfolgversprechende Alternative darstellen: Die Me-toos werden vom MHW in jeder Hinsicht diskriminiert und weitgehend vom Markt ferngehalten; und die Lizenznahme wird für japanische Hersteller um so schwieriger, je stärker die ausländischen Pharmaanbieter selbst in Japan präsent sind.

- Eher flankierend, aber äußerst hilfreich zur Initiierung richtungweisender pharmazeutischer F+E-Aktivitäten wirkt sich nach wie vor die *staatliche Forschungsförderung* durch das KOSEISHO aus (s. Abschnitt 5.2.). Sie stellt praktisch eine Art direkte Investitionslenkung dar, indem sie die japanische Pharmaindustrie durch die jeweils in Aussicht gestellten Organisationshilfen, Forschungsaufträge und Transfers veranlaßt, ihre eigenen Ressourcen bevorzugt in die vom MHW geförderten Bereiche zu konzentrieren - wie dies z.B. seit längerem auf dem Gebiet der Biotechnologie und der Geriatrie geschieht. Begünstigt wird dieser Allokationsprozeß noch durch die traditionell hohe Eigenkapitalrendite der japanischen Unternehmen und die dadurch erleichterte *Venture-Finanzierung*.

Die gesundheitspolitische Verschärfung der Arzneimittelzulassung, die drastische Senkung der NHI-Preise für bereits eingeführte Medikamente, die großzügige Festsetzung von NHI-Preisen für neue, insbesondere Break-through-Präparate und die direkte staatliche Forschungsförderung bilden somit die vier Eckpfeiler der KOSEISHO-Politik, durch die die japanische Pharmaindustrie in den letzten zwei Jahrzehnten zu immer größeren F+E-Anstrengungen gezwungen wurde. Daß *pressure* schließlich *diamonds* hervorbringt, scheint die dahinterstehende Philosophie zu sein, die sich nun allem Anschein nach bestätigt: Der Forschungs- und Entwicklungsaufwand der 9 führenden japanischen Arzneimittelhersteller hat sich in nur wenigen Jahren (1978-85) um den Faktor 13 erhöht (*Tabelle 12*), gegenüber 1962 sogar um einen Faktor 50, was eine jahresdurchschnittliche Zunahme um mehr als 10 vH bedeutet. Die 25 größten japanischen Hersteller haben die von ihnen 1978-85 neu eingeführten 136 ethischen Präparate im Durchschnitt mit einem finanziellen Aufwand von rd. 8.900 Mio. Yen (ca. 115 Mio. DM) entwickelt und liegen damit nahe am internationalen Standard. Das gilt schließlich auch für den zeitlichen Entwicklungsaufwand, der derzeit bei 14,5 Jahren für eine neue Substanz beträgt.

Diamonds: Erfolge der verstärkten F+E-Anstrengungen

Der Erfolg dieses massiven Einstiegs in die Grundlagenforschung ist inzwischen greifbar. Wie bereits dargestellt (s. Abschnitt 5.3.), ist Japan seit Anfang der 80er Jahre die "Nr. 1" bei der Entwicklung und Einführung neuer Substanzen (NCEs):

Tabelle 12: F+E-Ausgaben der 9 führenden japanischen Arzneimittelhersteller, 1978-85

	1978	1979	1980	1981	1982	1983	1984	1985	Total
Takeda	16,975	20,079	23,151	24,566	27,648	28,808	30,453	31,743	203,423
Sankyo	7,587	8,140	9,555	11,138	12,547	14,523	15,955	17,704	97,149
Sionogi	9,033	10,085	11,282	11,961	13,753	15,096	15,977	18,314	105,501
Fujisawa	7,928	11,047	13,423	14,053	15,624	17,820	18,722	20,514	119,131
Tanabe	6,068	6,544	7,300	8,344	9,652	10,669	11,537	12,400	72,514
Eisai	6,344	7,626	9,301	10,717	13,304	15,116	16,282	17,246	95,936
Yamanouchi	5,685	6,193	6,962	7,973	8,918	10,112	10,732	12,279	68,854
Daiichi	4,485	5,981	6,233	7,534	8,281	8,975	9,996	11,120	62,605
Chugai	4,768	5,933	6,610	7,804	8,545	9,121	9,774	11,050	63,605
Subtotal	68,873	81,628	93,817	104,090	118,272	130,240	139,428	152,370	888,718

Angaben in Mio. Yen.
Quelle: YANO REPORT (Oktober 1986).

Von den 1981-86 erstmals von einem Land eingeführten 281 NCEs kamen 79 (= 28 vH) von japanischen Firmen (*Tabelle 9*). Dabei zeigte sich bereits eine deutliche Verschiebung in der Zusammensetzung der Therapeutika (*Übersicht 8*): Während noch in den 70er Jahren die *Antiineffektiva* - darunter insbesondere die Antibiotika - absolut dominierten, hat sich das Innovationsspektrum inzwischen zunehmend auf neue therapeutische Klassen - wie *Anti-Krebs-, Herz-Kreislauf-, Magen-Darm-, Multiple-Sklerose-* und *Zentral-Nervensystem-Mittel* - verlagert. Dies entspricht der seit längerem beobachtbaren und vom MHW geförderten Verlagerung der pharmazeutischen Forschungsschwerpunkte. Zwar haben die Japaner mit den neuen *Chinolinsäure*-Derivaten eine weitere Gruppe von Antiineffectiva herausgebracht, dennoch gehören bereits etwa drei Viertel der seit 1981 eingeführten Substanzen den neu erschlossenen Therapieklassen an. Diese Tendenz wird sich künftig noch verstärken, wenn die etwa 40 gegenwärtig in der Lizenz-Entwicklung stehenden NCEs auf den Markt kommen.

Übersicht 8: Pharmazeutische Produktinnovationen der 9 führenden japanischen Arzneimittelhersteller, 1978-85

Unternehmen	1978	1979	1980	1981	1982	1983	1984	1985	Summe
Takeda	#Mecillinam		Cefotiam Cefsulodin Trepibutone 1/2 #Clidanac	Oxendoron	Cefmenoxime	#Vinpocetin			7.5
Sankyo		Nimustin Cefmetazole #Carbidopa 1/2	Haloxazolam	Bucumolol #Metolazone #Halcinonide	#Captopril #Ketotifen #Miancerin	Mexazolam	#Guanfacine #Naloxone	#Netilmycin #Sanglopol 1/2	14
Shionogi	Ioxol Thioderon	#Pirbuterol #Rinderon		#Cefaclor #Dobutamine #Vancomycin Latamoxef	#Fenoprofen 1/2 #Cinoxacin	#Cefamandole		#Ifosfomide #Vendesine #Humulin #Tilactase Cloconazole	15.5
Fujisawa		#Ticarcillin 1/2		#Tagamet #Ocusert Zotepine Ceftizoxime	#Metoprolol 1/2	#Tolciclate			6
Tanabe	Hopate #Naproxen				Afloqualone #Fominoben		#Trimebutine	#Sulconazole	6
Eisai	Secrepan			Normonal	Mional CDCA 1/2	#Flunitrazepam 1/2	Celbex	Detantol	6
Yamanouchi	Indenolol	#Methyldigoxin	#Dantrium	Perdipine	#Fenofen 1/2 CDCA 1/2	Cefotetan		Famotidine #Diflorazone 1/2 #Lentinan 1/2	9
Daiichi		Neuer #Baclofen #Neodopasol 1/2 #Cefoxitine 1/2		#Cinepazide #Panaldine #Amplit	Budralazine	#Timeperone	#Buculadesine #Probucol 1/2	#Malotilate #Ofloxacin	11.5
Chugai	#Rythmodan	#Bendazac	Alfarol			Nicorandil			4
Summe	8	10	6.5	17	11.5	7.5	5.5	13.5	79.5

\# := Lizenz-Produkt; 0,5 := Co-Entwicklung.

Quelle: YANO REPORT (Oktober 1986).

Am spektakulärsten dürften dabei die Fortschritte der japanischen Pharmaindustrie im Bereich der *Biotechnologie* sein. Hierbei kommt den Japanern die große Erfahrung im Fermentieren sowie die enge Zusammenarbeit mit branchenfremden in- und ausländischen Firmen zugute. So bestehen z.B. Kooperationen von DAIICHI mit dem Sojasaucen-Hersteller KIKKOMAN und dem Getränke-Produzent YAKULT sowie von YAMANOUCHI mit dem Lebensmittel-Fabrikant AJINOMOTO; im Ausland kooperieren SANKYO mit der britischen Biotechnologie-Firma CELLTECH und CHUGAI mit dem amerikanischen GENETICS INSTITUTE. Die Verlagerung der japanischen Pharmaindustrie auf die Biotechnologie-Schiene beginnt sich inzwischen bereits auszuzahlen: Ihr sind bereits 8 Anti-Krebs-Produkte zu verdanken, so daß die Krebsmittel nach den Antiineffektiva bereits an zweiter Stelle unter den Lizenz-Entwicklungsprodukten stehen.

Zusammenfassend läßt sich somit feststellen, daß die japanische Pharmaindustrie nach F+E-Aktivitäten, Produktpalette, Marktorientierung und Wettbewerbsintensität seit Anfang der 80er Jahre in eine neue Entwicklungsphase eingetreten ist. Sie verdankt ihre Einleitung und Beschleunigung der geschickten und weitsichtigen Handhabung der *staatlichen Regulierung* des Pharmamarkts durch das KOSEISHO, trägt sich inzwischen aber weitgehend selbst und wird künftig noch an Stärke und Eigendynamik gewinnen. Dies bedeutet zunächst einmal, daß den in Japan präsenten ausländischen Arzneimittelherstellern ein immer selbstbewußterer, potenterer und aggressiverer Konkurrent entgegentritt, der konsequent die *Substitution der Foreign-origin-Produkte* auf dem heimischen Markt betreiben wird.

Nicht minder konsequent wird die japanische Pharmaindustrie aber auch auf dem Weg der *Internationalisierung* voranschreiten. Dabei wird der Export von Arzneimitteln - sieht man einmal von den traditionell exportstarken Antiineffektiva ab - auch künftig eine untergeordnete Rolle spielen. Die dominierende Internationalisierungsstrategie wird dagegen die Lizenzvergabe - gegebenenfalls verbunden mit verstärkter Joint-venture-Gründungen - sein. Hierauf deutet die bisherige Praxis der Lizenzvergabe hin, bei der die ausländischen

Joint-venture-Partner der Japaner bevorzugt wurden - wie dies z.B. bei TAKEDA und TANABE eindeutig der Fall ist. Daneben kommt es aber zunehmend auch zur Vergabe weltweiter Lizenzen an potente europäische und amerikanische Arzneimittelhersteller, wobei i.d.R. Japan und der Ferne Osten ausgeschlossen sind (von den 40 derzeit in Entwicklung befindlichen Lizenzprodukten wurden immerhin für 11 Präparate weltweite Lizenzen vergeben!). Die führenden japanischen Arzneimittelhersteller können auf diese Weise schlagartig ihre internationale Präsenz erhöhen: Sie bedienen sich des überragenden Marketingpotentials ihrer stärksten Weltmacht-Konkurrenten und verhelfen so ihren innovativen Produkten ohne größere Anstrengung weltweit und rasch zum Durchbruch.

Es kann keine Frage sein, daß sich der *Wettbewerb auf dem Pharma-Weltmarkt* durch die zunehmende Präsenz der Japaner intensivieren wird. Wie sehr sich dies auf die bisher absolut dominierenden europäischen und amerikanischen Marktführer auswirken wird, hängt freilich vom nationalen Umfeld ab, in dem sie jeweils forschen und produzieren müssen. So laufen z.B. in den USA bis 1990 die Patente für nahezu alle derzeitigen Pharma-Bestseller aus, so daß schon jetzt mit einem sprunghaften Anstieg der Generika-Umsätze um 20 vH p.a. und einem Generika-Anteil am ethischen Markt von über 30 vH gerechnet wird. Dieser voraussichtlichen Entwicklung steht bereits seit Jahren ein drastischer Rückgang der Markteinführung neuer Medikamente gegenüber: Die Zahl der NCEs sank von jährlich 50 in den 50er Jahren auf durchschnittlich 17 im Zeitraum von 1962-86. Dabei hat sich infolge stärkerer Marktregulierungen, verschärfter Zulassungsvoraussetzungen, erschwerter Tierversuche und schleppender Genehmigungsverfahren der finanzielle und zeitliche Aufwand für Pharmainnovationen drastisch erhöht - eine Beobachtung, die auch auf die Bundesrepublik Deutschland übertragbar ist.

Die japanische Pharmaindustrie wird jede sich abzeichnende *Innovationsschwäche* ihrer ausländischen Konkurrenz konsequent zum eigenen Vorteil ausnutzen und ihre Internationalisierung wo immer möglich voranzutreiben versuchen. Wie rasch dies geschehen kann, haben die japanischen Automobil- und Mikroelektronik-Produzenten mit ihrer "Karate-Technik" der internationalen Markterschließung eindrucksvoll demonstriert. Sicherlich sind Arzneimittel schon aufgrund der staatlichen Regulierung ihrer Herstellung, ihres Vertriebs und ihrer Verwendung sowie ihres immensen finanziellen und zeitlichen F+E-Aufwands nicht mit Autos oder Fernsehern zu vergleichen, dennoch sind gewisse Parallelen in der Marktentwicklung - wenn auch um 20 Jahre versetzt - unverkennbar. Der Weg zur "Pharma-Weltmacht" ist für Japan vermutlich noch weit und steinig; ein ernstzunehmender Konkurrent auf dem "Pharma-Weltmarkt" sind die führenden japanischen Arzneimittelhersteller aber heute schon allemal.

LITERATUR- UND QUELLENVERZEICHNIS

BAYER YAKUHIN (1982 ff.), Bayer Yakuhin, Ltd., firmeninterne Ausarbeitungen auf der Grundlage veröffentlichter Daten des japanischen Gesundheitswesens, Mimeos, Osaka 1982 ff.

CASSEL, DIETER (1987), Möglichkeiten und Grenzen des Wettbewerbs im System der Gesetzlichen Krankenversicherung, Gutachten im Auftrag des Bundesministers für Arbeit und Sozialordnung, Bonn 1987.

COMANOR, WILLIAM S. (1986), The Political Economy of the Pharmaceutical Industry, in: Journal of Economic Literature, 24 (1986,3), S. 1178-1217.

CRANZ, HUBERTUS (1985), Billigarzneimittel. Eine kritische Analyse, Kiel 1985.

HARADA, TETSUSHI; WERNER PASCHA (1986), Das "Softnomics-Konzept" des japanischen Finanzministeriums: Grundlagen und Anwendung auf die internationalen Wirtschaftsbeziehungen Japans, Diskussionsbeiträge des Instituts für Entwicklungspolitik der Albert-Ludwig-Universität Freiburg im Breisgau, Nr. 11, Freiburg im Breisgau 1986.

HEIDUK, GÜNTER (1985), Hg., Japan als führende Wirtschaftsmacht in einem zukünftigen pazifischen Weltwirtschaftszentrum, Baden-Baden 1985.

HEIDUK, GÜNTER (1987), Zur Internationalisierung der japanischen Unternehmen: Das Engagement in Großbritannien, in: Weltwirtschaftliches Archiv, 123 (1987,1), S. 169-177.

HOECHST JAPAN (1983 ff.), Hoechst Japan, Ltd., firmeneigene Ausarbeitungen auf der Grundlage veröffentlichter Daten des japanischen Gesundheitswesens, Mimeos, Tokyo 1983 ff.

JAPAN CHEMICAL WEEK (1985), The Pharmaceutical Industry of Japan: The Growth of the Industry Slows Down, 26 (1985) Nr. 1328 vom 12. September 1985, S. 1-13.

KRAN, KLAUS (1986), Internationalization of Japan's Pharmaceutical Regulations and Environment, in: Journal of the American Chamber of Commerce in Japan (1986), o.S.

NOMURA (1986), The Nomura Securities Co., Ltd., A Presentation to the Third Institutional Investors Equity Seminar on Selected Domestic Demand-linked Industries, III. Pharmaceuticals (Verf.: Y. Moroe), Tokyo, October 1986, S. 33-46.

NRI INVESTMENT RESEARCH (1984), The Japanese Pharmaceutical Industry (Verf.: K. Kondo), Tokyo, August 1984.

OBERENDER, PETER (1986), Einfluß öffentlicher Regulierungen auf die innovative Aktivität der pharmazeutischen Industrie, in: Die pharmazeutische Industrie, 48 (1986,6), S. 583-588.

PHARMA JAPAN (1984 ff.), A Weekly Report on the Japan Drug Industry (Hg.: Jakugyo Jiho Co., Ltd.), Tokyo, 1984 ff.

PRESTOWITZ, CLYDE V. Jr. (1987), U.S.-Japan Trade Friction: Creating a New Relationship, in: California Management Review, 29 (1987,2), S. 9-19.

SADA, TOSHIKI (1985), Prospects for the Japanese Pharmaceutical Industry. An Investment Banker's Point of View (CFA-Institutional Research & Advisory Dept., The Nomura Securities Co., Ltd.), Mimeo, o.O. 1985.

SIMON, HERMANN (1986,1), Hg., Markterfolg in Japan. Strategien zur Überwindung von Eintrittsbarrieren, Wiesbaden 1986.

SIMON, HERMANN (1986,2), Market Entry in Japan. Barriers, Problems and Strategies, in: International Journal of Research in Marketing, 3 (1986), S. 105-116.

SIMON, WINFRIED (1983), Der Wandel des japanischen Pharmamarktes. Eine sozial-ökonomische Studie, Frankfurt am Main 1983.

THE JAPAN ECONOMIC JOURNAL (1984), High-tech Start-up Ventures in Japan. An Index to 500 Selected Companies (Hg.: Nikon Keizai Shimbun, Inc.), Tokyo 1984.

TIMNER, HANS JÖRG (1986), Marketing für Pharmaprodukte in Japan, in: SIMON, HERMANN (1986,1), S. 161-177.

U.S.-JAPAN TRADE STUDY GROUP (1984), TSG Progress Report: 1984, Tokyo 1984.

U.S.-JAPAN TRADE STUDY GROUP (1986), TSG Progress Report: 1986, Tokyo, September 1986.

WYKE, ALEXANDRA (1987), Pharmaceuticals. Harder Going, in: The Economist, February 7, 1987, S. 4-18.

YAKUGYO JIHO (1986), Ykugyo Jiho Co., Ltd., Bulk-line System and Its Issues - From A Historical Point of View, Japan Drug Industry Review, Summer Special Issue, Tokyo 1986.

YAMAICHI (1986), The Yamaichi Securities Co., Ltd., Investment Report (Verf.: K. Fujitsu; K. Yoshida), Tokyo, September 1986.

YAMANOUCHI (1985), Yamanouchi Pharmaceutical Co., Ltd., Recent Trends in the Pharmaceutical Market (Verf.: S. Morioka), Mimeo, Tokyo 1986.

YANO, YOSHIO (1986), Hg., Yano Report - The Japan Pharmaceutical Industry Quarterly, Tokyo, April & October 1986.

YANO, YOSHIO (1987), Hg., Yano Report - The Japan Pharmaceutical Quarterly, Tokyo, April 1987.